# PSICANÁLISE DE PAIS II

## Criança, sintoma dos pais

### As três crises da existência humana

DURVAL CHECCHINATO

# PSICANÁLISE DE PAIS II

## Criança, sintoma dos pais

### As três crises da existência humana

Artesã

Psicanálise de pais II – Crianças, sintoma dos pais
As três crises da existência humana



DIRETOR
Alcebino Santana

REVISÃO
Joana Moreira

CAPA
Michelle Guimarães El Aouar

PROJETO GRÁFICO E DIAGRAMAÇÃO
Conrado Esteves

---

C514 Checchinato, Durval, 1936-.
Psicanálise de pais II : criança, sintoma dos pais : as três crises da existência humana / Durval Checchinato. – Belo Horizonte : Artesã, 2023.

192 p. ; 23 cm.

ISBN: 978-85-7074-085-4

1. Psicanálise. 2. Psicologia clínica. I. Título.

CDU 159.964

---

Catalogação: Aline M. Sima CRB-6/2645

IMPRESSO NO BRASIL
*Printed in Brazil*

(31)2511-2040 (31)99403-2227
**www.artesaeditora.com.br**
Rua Rio Pomba 455, Carlos Prates - Cep: 30720-290 | Belo Horizonte - MG
/artesaeditora

# Agradecimentos

Agradeço a Dra. Sofia Killaris Gallani – Homeopatia e Pediatria – Pelos comentários e sugestões.

Agradeço a Carla Assunção – Pela digitação

Agradeço a Joana Moreira – Pela revisão

# Sumário

# Introdução

*Por instinto desnaturo os instintos...*

*Tudo quanto fazemos, na arte ou na vida,*
*é a cópia imperfeita do que pensamos fazer.*
(Fernando Pessoa)

Este segundo volume sobre "Psicanálise de Pais II" tem duplo escopo: pais e analistas.

Os pais encontrarão aqui uma sequência de considerações sobre como a psicanálise encara o desenvolvimento psíquico do ser humano em sua existência.

O ser humano pode ser considerado como o ser mais frágil, mais dependente dos seres vivos desta terra. Ele surge de uma mãe e um pai que não escolheu. Seu futuro como sujeito depende *in totum* do modo como esses pais vão encaminhar sua energia (pulsão de vida), em ordem à civilização, ao outro e à Lei... "*Por instinto desnaturo os instintos*"...

Portanto, é a mãe, é o pai que lançam a estrutura básica de sua subjetividade, uma vez que a pulsão não é instinto, energia codificada no reino animal.

O pacto da parentalidade, a concepção, a gestação, o parto, o aleitamento, a alimentação, o desmame e as três grandes crises da existência são contempladas neste volume. A psicanálise tem em conta que édipo (relação da criança com a mãe e o pai) e a castração (renúncia das pulsões com vista à civilização) são dois eixos essenciais na formação do sujeito humano. Essa operação de transformar a energia que é neutra, sem fim predeterminado, em existência e obra civilizadas, Freud, Lacan a nomeiam sublimação.

Nos seis primeiros meses da criança ocorre um fenômeno estruturante da subjetividade que Lacan nomeou Estádio do Espelho. O olhar tem um papel fundamental. Embora em grande incoordenação motora a criança se identifica com a imagem dela e isto é de grande importância para a estrutura psíquica da identificação subjetiva.

O ser humano é sempre um ser inacabado, os latinos falavam *"in fieri"* "em fazendo-se". E Lacan explicitou essa condição humana definindo o ser humano como "falta-para-ser"... *"Tudo quanto fazemos, na arte ou na vida, é a cópia imperfeita do que pensamos fazer"...*

Essa condição é estrutural: a "falta-para-ser" enseja uma existência sempre com um projeto em andamento seja no aperfeiçoamento pessoal, seja numa obra, seja em cultura ou erudição. Essa "falta-para--ser" nos coloca diante do máximo limite humano, a morte. Nada mais benéfico na transitoriedade da vida: alerta ininterrupto para vivermos nos limites de nossa subjetividade. Toda vaidade, todo narcisismo viram poeira diante dessa realidade inescapável.

Além da planta básica oriunda do édipo e da castração, do estádio do espelho, nossa subjetividade de *fal'entes,* seres que falam, se alicerça na linguagem e nas quatro pilastras dos objetos-a.

Os objetos-a, são objetos outros, objetos parciais dos objetos da realidade ou do real que desde que somos falantes vão se imprimindo em nosso arquivo cerebral que Freud chamou de inconsciente: num processo primário ou primitivo e ao qual não temos acesso os objetos-a vão se registrando no nosso cérebro. Lacan enumera quatro objetos-a: o seio, a voz, o cíbalo e o olhar. Os muitos outros objetos-a levam em sua base um desses quatro modelos.

Os objetos-a são movidos sem parar pela pulsão e eles retornam sempre no mesmo lugar nas manifestações do inconsciente... sonhos, atos falhos, chiste, denegação, angústia, ansiedade... Lacan elaborou a seguinte fórmula $ ◇ a., onde $ é o sujeito falante, portanto, dividido de si mesmo, habitado pelo simbólico e nele habitando; ◇ = ligado a um objeto-a ou desligado.

É baseada nessas colocações fundamentais que a psicanálise encara os cinco primeiros anos da existência como decisivos para a construção da subjetividade humana. Eles são o alicerce da existência. O resto segue.

Na primeira crise, por volta de cinco anos, abordamos a formatação da posição sexual do sujeito humano, mulher ou homem. Crise crucial.

A passagem da pré-puberdade é considerada de grande valor para as formações imaginárias. A apropriação fantasiosa da vida adulta é estruturante para a assunção da futura subjetividade própria.

A segunda crise, a puberdade, longa, entre 12 e 18 anos, é tratada tanto quanto à evolução da ou do adolescente quanto ao relacionamento dos pais com os filhos nessa passagem.

Enfim, na terceira crise proponho uma análise dos sintomas que frequentam essa última passagem de ser humano na existência. Passagem que pode ser preciosa, que pode definir a última etapa da existência, determinar a qualidade dela desde que regida por um plano B. Infelizmente poucos clínicos ou psicanalistas se dão conta dos sintomas revelantes e preciosos dessa crise. Há muita atenção à menopausa, à fogaça, à diminuição da libido, a pouca lubrificação da vagina... mas andropausa sequer é considerada. Seus sintomas são tratados como puros sintomas e pouco ou nada como sintomas de causas como traumas, fracassos, frustrações da história do paciente. Embora semelhantes, os sintomas são especificamente subjetivos.

Aos psicanalistas vão aqui reflexões, posições teóricas ou clínicas que talvez os subsidiem na escuta e acolhimento das angústias dos pais na criação dos seus filhos. Sobretudo nesses tempos de grandes mutações.

Possa mais este livro despertar a mãe, o pai, a leitora, o leitor "para os valores permanentes sem os quais o ser humano não é", e para a "terrível importância da vida"... "para a presença metafísica da vida" (F. Pessoa).

Campinas, junho de 2023.

# Carta aos Pais
## (Filhos, sintomas dos pais)

*A humanidade do futuro depende*
*das filhas e dos filhos que criamos hoje.*

Prezados Pais,

Partamos de uma ideia fundamental: pais ideais não existem. Existem apenas pais possíveis. Uma psicanalista francesa (M. Mannoni) chegou a dizer que o drama de uma criança é nascer de seus pais.

A opção de ser pai, ser mãe é algo que depende de uma intenção que brota do inconsciente como um desejo definido, um desejo que sustente a assunção de sua realização.

Trata-se de uma resolução esclarecida de um casal que chegou à maturidade do relacionamento a dois e se dá conta de que o que lhes falta na realização de anos de ambos é ver esses anos frutificando na geração de um/a filho/a.

É muito bom, é muito saudável psiquicamente falando, que o filho seja concebido e gestado a partir de uma escolha e acolhimento de pais conscientes e esclarecidos em seus desejos. É uma criança plenamente querida. Porém esse ideal nem sempre é possível. A vida é cheia de surpresas, a biologia não obedece a nossos desejos. Assim é que já tive pacientes "diu-lindos", crianças geradas por pai vasectomizado, sem falar que planejamento é uma coisa e a prática dele está sujeita ao inesperado. Nesses casos, o que conta é a disponibilidade, a abnegação e a generosidade dos progenitores. Isso salvo, com certeza o impacto da gravidez, da gestação e nascimento, como a criação da criança... tudo ocorrerá segundo a entrega dos pais à vida desse inesperado rebento.

Psicanalistas lacanianos costumam levar em conta que o destino dos filhos está determinado mesmo antes de os pais se conhecerem. A maneira como os pais foram educados, os valores, os ideais neles implantados, tudo vai influenciar na geração e educação dos filhos.

Quando eu aludi à maturidade do casal, tenho por mim que um dos fatores essenciais na relação matrimonial consiste em o casal alcançar a formação de uma terceira família: nem a família do marido, nem a família da esposa, mas uma terceira que costure a história de amor e ideais de ambos. História que ambos querem escrever.

Este fator é muito importante porque ele garante que o filho seja realmente filho do casal e não filho dos avós!

De outro lado, uma grande satisfação dos pais vai surgir com a vinda e a educação dessa criança: fruto resoluto do amor de ambos e ideal esclarecido na condução e educação dela. Costumo falar em: "subjetividade do casal", "subjetividade dos pais na função parental". Isto significa que o casal tem uma noção esclarecida, própria, de como procurar exercer a função parental. Preservar essa originalidade é função essencial na escuta analítica: dispensam-se conselhos, orientação ou direcionamento.

O casal fechado na escolha, na opção, vai encontrando o caminho para criação e educação de seu rebento. Os momentos de impasse, de surpresa, de imprevisto não faltarão. Nada mais corrente: não existe manual que indique como criar filho. Ao dizer "*criar*", disse tudo: na educação da criança, cada dia é dia de nova criação. É como uma obra de arte. Ela se esculpe ou se pinta vagarosamente: cinzel no mármore bruto e pincel na tela limpa vão lentamente fazendo surgir a obra plena, a beleza materializada. Cada casal projeta um ideal em ter filho e o educar. Mas esse ideal topará com limitações ou obstáculos os mais diversos: sejam por conta dos pais ou por conta do filho ou pelas contingências da existência. Saber ceder diante da discrepância do ideal projetado e a realidade é um passo de maturidade, uma abnegação, uma renúncia saudável tanto para os pais como para o filho.

Os pais, verdadeiramente, podem fazer da vida de seus filhos uma "obra de arte" (F. Pessoa) e esses por sua vez perpetuarem essa grandeza. Desde que sejam respeitados em sua potencialidade. E essa aventura, felizmente, só é possível porque os filhos não nascem prontos.

De uma vez por todas precisamos nos convencer que a nossa situação de seres humanos nos coloca numa posição absoluta: nossa estrutura de ser humano é de "falta- para-ser" (Jacques Lacan). Quer em nossa condição subjetiva, quer em nossa condição de cidadão, quer na condição matrimonial, quer na condição da parentalidade... Quer na condição de nossos filhos. A falta-para-ser faz a grandeza do ser humano.

Render-se a essa realidade física e psíquica, render-se a essa fragilidade humana nos traz paz para enfrentar a existência, descemos de nosso ego, desiludimos de nosso imaginário, e lidamos com o real de nossa vida cotidiana. Em vez de estranhar que erramos, fracassamos por vezes, aproveitemos do erro para aprender e para prosseguir. Sermos pais é uma missão: em tudo na vida temos uma aspiração, um ideal. Sobretudo ao optarmos por gerar um/a filho/a. Entre esse desejo e a realidade, muitos obstáculos, inaptidões, fragilidades, equívocos podem dificultar a viabilização dessa aventura. Mas a alegria, a realização valem a pena: a felicidade de produzir um novo ser humano que continuará o caminho da construção da humanidade. É um risco grandioso, bem-aventurado!

Contudo, lembrem-se os pais, os cinco primeiros anos são as bases da existência, são eles que garantem a segurança e a consistência da construção do sujeito humano, do ser humano do amanhã. O resto é adorno.

# A "energia" humana: pulsão

Freud, debruçando sobre a especificidade da "energia" que movimenta o ser humano, chegou a conclusões surpreendentes.

Primeiro, descartou uma possível discussão sobre energia em física e mesmo, propriamente, a energia em si no ser humano, ou seja, a fisiologia propriamente dita.

Logo de início, viu claramente que se tratava de uma energia inerente ao corpo e à mente do humano, portanto uma energia viva, biológica, pulsante, diferente, por exemplo, de uma energia cósmica, como a do sol. Fugiu, embora neurologista, a fazer experiências para tentar entender essa energia em si.

Viu também que essa energia não podia ser denominada "instinto", já que a energia no animal, tão evidente, sempre a mesma e repetitiva, não é da mesma natureza da energia do ser humano. Instinto é uma energia inata, própria a cada espécie animal. É uma aprendizagem impressa em cada animal, uma energia específica à sua espécie, que o impele como uma necessidade inescapável. O instinto preserva o animal, o empurra ao sustento da vida e à multiplicação dela. Não há como resistir ao instinto, ele é simplesmente imperativo, irresistível. Ele é da ordem da necessidade, como a fome. Não há escolha. Jamais desejo. E, quando a necessidade instintiva não pode ser satisfeita, o animal entra em sofrimento ou em colapso.

Portanto, instinto consiste numa energia pré-codificada que imperativamente informa e conduz cada animal em sua espécie.

Freud percebeu muito cedo, sobretudo ouvindo o sofrimento de suas pacientes, que a energia humana apresentava outra estrutura. A energia humana sem dúvida nenhuma mantém o corpo em funcionamento, garante o funcionamento dos órgãos e a fisiologia deles. Mas esta é uma função que não depende da ação do sujeito humano:

o próprio corpo está regrado de todo pela ação dela. Freud notou que o homem pode "atrapalhar" esse funcionamento, por exemplo, por uma situação de estresse ou por algo inesperado, que correntemente resulta num sofrimento psicossomático. Mas isso não é constante. "Constante" é a definição que Freud dá a essa "força": *konstant Kraft*. Ela permanentemente mantém o organismo, garante seu funcionamento. Na verdade, essa energia só cessa com a morte.

Freud, porém, descobre algo deslumbrante: afirmar que essa energia é constante é verdade, mas nisto ela é semelhante à energia de qualquer animal. No humano a energia tem uma propriedade única, única em todo o Universo: a energia humana vai além da conservação e continuidade da espécie, a energia humana se transforma em obras, em construções, em arte, em literatura, em ciência, em fé... A passarinha pode fazer ninho de tal engenho que nós até o consideramos obra de arte. Mas de fato ele não é arte e, por agir por instinto, ela faz seu ninho sempre igual.

Todo mundo, até Freud, sabia dessa transformação, mas foi ele quem a nomeou. Essa transformação de algo físico, fisiológico num produto cultural ele chamou sublimação. Este termo tanto indica um processo físico, como é o caso da água em seus três estados, como sobretudo registra um fato estupendo: a energia humana se transforma em civilização, em cultura. Contudo, a água em seus três estados é sempre água e a pulsão transformada nunca é a mesma; é sempre o novo.

Freud dá um passo a mais: como o objeto da psicanálise é o homem moldado pela cultura, isto é, sua existência e não sua essência, ele deixou de usar o termo energia e simplesmente a chamou **pulsão**. Pulso, pulsão, impulso, impulsão são exemplos de termos do linguajar cotidiano a que Freud recorria apaixonadamente para nomear suas descobertas. Chegou a escrever uma obra que se tornou básica para psicanálise e a intitulou: *Psicopatologia da Vida Quotidiana*. Para conceituar suas descobertas fugia a termos sofisticados e se valia de palavras da fala corrente. E pagou por isso! Que deixava de escanteio a medicina, a ciência!

O termo pulsão verifica o movimento da energia, a energia em ação. Uma energia pulsante. Uma constatação clínica já que o objeto da psicanálise é exatamente a clínica do movimento da energia. Freud arriscou uma precisão um pouco mais acurada: pulsão seria uma "energia" atuando entre o físico e o psíquico. Portanto, uma energia que não seria instinto e, sim, uma energia que se constata e da qual se tem consciência.

Decorre disso um princípio ético fundamental, mais que um, o princípio ético fundante da subjetividade e da sociedade humana: o ser humano só é humano o quanto ele assume suas pulsões, ele só é humano enquanto as encaminha, as avia e responde por elas.

O poeta Fernando Pessoa, diante de seus impulsos homoeróticos, melhor que Freud ou Lacan, assim descreve o processo psíquico da sublimação da pulsão: "...passar a sensação imediatamente através da inteligência para coá-la pela análise superior, para que ela se esculpa em forma literária e tome vulto de relevo próprio. Então fixei-a de todo. Então eu tornei o irreal real e dei ao inatingível um pedestal eterno". Este é o imperativo moral que rege a humanização: o homem não pode abrir mão de suas pulsões. Todo desregramento, todo sofrimento humano ou distúrbio da sociedade decorrem de uma única fonte: abrir mão de aviar a pulsão em ordem à civilização. E, pior, o ser humano ao assim agir, não vira um selvagem já que o selvagem respeita a etnia, a tribo e a natureza, ele simplesmente se torna um bárbaro ou um monstro. Os Atilas, os Hitlers, os Stalins, os Ultras, os Francos, os Inquisidores, os Eis, os Putin...

Cada ser humano que nasce, nasce sob a determinação ética de assumir suas pulsões e as transformar em civilização. Ele só se torna humano na medida em que transforma sua pulsão em cultura.

A grande diferença, portanto, entre instinto e pulsão, consiste em que instinto é uma organização inata, permanente, um "saber" sempre o mesmo e próprio a cada espécie ao passo que a pulsão jamais se torna mesma. A pulsão, Freud a viu em sua essência como energia totalmente plástica, em si completamente indeterminada, permanentemente à procura de satisfazer-se, sem, pois, outro fim que pura tendência à satisfação. Freud, ao considerar essa maleabilidade da pulsão, a chamou neutra, já que essa "procura de satisfação" é de essência dela e sem fim determinado. Corta-se assim radicalmente de instinto.

Qual então o princípio fundamental do encaminhamento da pulsão? O princípio fundante se baseia num *a priori* absoluto, ela se transforma em fala e a fala por sua vez a molda em mensagem de entendimento e determinação.

Heidegger o formulou de maneira muito feliz: "Se o homem fala é porque a linguagem o fez homem". Antes que o homem venha, a linguagem o precede, determina sua origem, o nomeia e lhe impõe o dever ético de moldar seus impulsos segundo a ordem cultural dessa linguagem, linguagem que o acolhe, o recebe e lhe impõe a ordenação da estrutura civilizada na qual ele surge. A linguagem tudo modela: ela, passo a passo, transforma a pulsão em cultura, na cultura em que a criança nasce ou cresce. Ainda mais, em cada sujeito humano ela se transforma de uma maneira absolutamente original. Não é igual a nenhum outro. Mesmo entre irmãos gêmeos.

Há uma experiência radical quanto à extensibilidade da pulsão. Trata-se da menina Kamala, criada numa matilha de lobos na Índia. Ela andava de quatro, com deformação dos punhos, comia das caças, levando a boca diretamente às carnes, os dentes afinados e lábios retraídos. Vivia lupinamente em tudo. Um missionário, Rev. Singh, a capturou e a enjaulou porque era agressiva, como os lobos, seus companheiros. Veio a morrer muito cedo, quando conseguiu falar algumas palavras. A meu ver, no momento em que teve acesso ao simbólico, à fala, a "vida" dela desmoronou, não suportou a angústia da diferença. Esse exemplo explicita a definição de pulsão como neutra: ela toma a forma que se lhe dá. Amolda-se simplesmente à contextura que a recebe.

A pulsão em si é neutra, plástica, moldável, e, na verdade, ela não se imprimirá igual em nenhum sujeito humano. Ela se transforma segundo o modo, os hábitos, os costumes, os valores, a educação, enfim a linguagem com que os pais ou que tais recebem a criança.

Entre os seres da natureza o ser humano é um dos mais dependentes, absolutamente incapaz de sobrevivência. Em tudo depende do adulto, essencialmente da mãe, desde o levar a seus seios. Freud usa uma palavra em alemão que exprime esse total desamparo: *Hilflosigkeit*. Em português nos aproximamos dessa condição com as palavras "desamparo", "derrelição". Literalmente, uma condição existencial "sem ajuda", em inglês poderia ser "*helplessness*". Esta situação da criança destinada a ser um humano é de extrema vulnerabilidade tanto do ponto de vista físico quanto psíquico. A ductilidade da pulsão a inflete aos trilhamentos oferecidos essencialmente pela mãe e também pelo pai ou pelos acolhedores.

Em que se transforma a pulsão?

A pulsão, como acima vimos, se transforma em cultura. Cada ser humano que nasce deverá em sua existência percorrer em breve tempo todo o percurso que o "homem ereto" perfez ao longo de muitos séculos. Na medida da mielinização[1] dos nervos a criança vai adquirindo a movimentação da coluna e dos grandes membros e simultaneamente vai também se apropriando do mundo ao seu redor. Seus olhos, que também precisam da mielinização dos nervos dos oito pares dos músculos que os movimentam, são o recurso por excelência para conquistar tudo ao seu entorno.

Aos seis meses senta-se e passa a ter um domínio mais amplo do ambiente que a envolve. Conhece já a mãe, o pai, as pessoas que dela cuidam. O domínio de seu berço, do quarto, lhe confere referencial de permanência.

Por volta de um ano já estará andando e essa posição ereta é uma aquisição específica ao ser humano. Aos poucos acontece um milagre maior: ela dá um passo definitivo para o humano: ela fala. A fala a insere em sua nominação, na nominação do pai, da mãe, das pessoas e das coisas do ambiente. O domínio da fala lhe propicia um retorno de satisfação puramente humana: o gozo simbólico. Ela tem consciência do poder da fala: pede as coisas e vê a mãe fazer o que ela pede. Ou as derruba e pede para que catem para ela. Encanta-se com a fala: fabula ou conversa com seus brinquedos. Às vezes o prazer da fala é tanto que os pais precisam por um ponto final. A fala a fascina e o poder da fala a seduz.

Então evidencia-se que a fala é o destino por excelência da pulsão. A pulsão ao se transformar em fala vai constituindo o sujeito humano. O sujeito se faz no simbólico da fala. Fernando Pessoa chegou a escrever: "*Benedictus Dominus Deus noster qui dedit nobis signum*" ("bendito o Senhor nosso Deus que nos deu o signo"). João, ao iniciar seu evangelho, escreveu: "*In principio erat Verbum et verbum erat apud Deum*" ("No princípio era o Verbo e o verbo estava junto a Deus"). Embora o verbo seja interpretado como o segundo sujeito da Trindade, verbo é verbo. A Bíblia diz que "o homem é feito à imagem e semelhança

---

1 Consiste numa camada que envolve os nervos ao longo do primeiro ano da criança e sem a qual ela não consegue se sentar, ficar em pé, andar, falar...

de Deus". Penso que "à semelhança de Deus" emerge da participação do mundo simbólico, da inteligibilidade das coisas, dons de que nenhuma outra criatura usufrui. Quanto à imagem, evidentemente Deus a não tem, já que se define como puro Espírito. Trata-se então de que o imaginário humano figura-lhe concretamente que ele é esse ser pensante. Em ambos os casos, poeta e evangelista, a verdade única: no princípio sempre o verbo, a palavra. Ela sempre precede antes que venhamos ao mundo. Sem a fala a inteligência não se organizaria nem poderia funcionar. O pensamento não seria possível.

A fala é a grandeza do ser humano, mas ao mesmo tempo pode ser sua miséria. Sobretudo porque o ser humano não tem acesso ao que da fala é gravado em seu inconsciente e jamais será apagado. Esse registro de um modo ou de outro com certeza voltará... Sonhos, atos falhos, chiste, esquecimento, falhas no discurso, lapso, denegação, lembranças súbitas e sobretudo angústia... sabem fazer seu trabalho de retorno.

Os cinco primeiros anos da existência, como vimos, são de fundamental importância. Eles são decisivos para o resto da existência do sujeito. Os cinco primeiros anos são as pilastras do edifício psíquico do sujeito. Podemos dizer que o resto é acréscimo. As mensagens que nesses anos se gravam ficarão como alicerces da construção da subjetividade. Entre outras, a grave definição da "posição sexual", também definida por Lacan como "sexuação". Assim é que o destino da pulsão é transformar-se em simbólico, em subjetividade, em consciência de si, em aquisição da cultura e em inserção no mundo em que nascemos.

Esse mundo em que nascemos é regrado: é o mundo da Lei. E o ser humano, *fal'ente*, nas 24 horas do dia, faça o que faça, esteja onde estiver, estará sempre se defrontando com uma norma, com hábitos sociais, com uma Lei. E ele será tanto mais humano quanto respeitoso da Lei. Em contrapartida, estará protegido por ela tanto na integridade física quanto moral. Terá a consciência tranquila de estar vivendo a dignidade de ser um sujeito humano. Essa injunção de se submeter à Lei para poder viver como humano rege todos os povos, todas as etnias. Poder realizar seu desejo, poder usufruir do gozo adequado das pulsões, depende integralmente da submissão à Lei. É por isso que o gozo do perverso é abominável e destruidor: ele resulta do desafio à Lei e da transgressão dela por ele. O outro e o Outro (Lei) não são levados em conta. O perverso zomba do Outro.

A Lei existe porque o homem fala e o homem é homem enquanto fala. A fala assume a pulsão, ordena-a em função da inserção na cultura. A criança, mesmo antes de nascer, está destinada à Lei. Será humana na medida em que, ano a ano, transformará sua pulsão em cultura. É a palavra do pai, da mãe, dos circundantes, das mestras e dos mestres que tira a pulsão da lei da natureza para a trasladar para a ordem da cultura[2]. A pulsão se civiliza conforme a palavra que a recebe e a conduz, sobretudo nos cinco primeiros anos que são definidores para o resto da vida, como acima dissemos. A palavra, sem grito, sem berro, sem violência, sem sedução, sem leniência, sem apelação, digo a palavra do pai e da mãe, porta a autoridade do estado parental, liberta a criança da escravatura da pulsão solta ou desregrada e propicia-lhe a paz da pulsão sublimada, dominada e transformada em subjetividade porque submetida à Lei. A criança, mesmo a criança que sempre portamos em nós adultos, sempre tende a escapar à Lei ou a fugir a ela. A manha, o emburro, o choro sem dor ou desamparo, os ataques de birra são sintomas que revelam a ineficiência da autoridade parental, a leniência dos pais em introduzir a criança na Lei. É elucidante: a criança que encrenca, joga-se no chão, recusa a comer, não quer ir dormir... é filho de pais indecisos quanto à Lei, pais frágeis que tergiversam no cumprimento da ordenação da pulsão. E a criança sem autoridade dos pais se vê descontrolada no impulso da pulsão desabrida, pois não tem idade nem maturidade para aviar o pulsar da pulsão.

Cito dois exemplos.

Um paciente, 45 anos, negro, procura um psicanalista. No relato de sua história narra o seguinte: "Eu tinha 8 anos quando ao chegar em casa chorando e chateado disse ao meu pai: 'Os meninos me chamaram negrinho'. E o pai firme: 'E o que você é?'. Esta fala de meu pai calou tão fundo na minha alma de criança que a partir daí compreendi que o fato real de eu ser negro nada me impediria de eu realizar minha vida. De fato, por vezes sofri preconceitos, mas eles jamais colaram em mim". O real "castra". Liberta! Fernando Pessoa: "O mundo real tão bondoso para os nervos".

---

2 O homem é natureza, está nela inserido e não pode ter vida fora dela. O corpo é dessa ordem. É a estrutura da necessidade. Nisso acompanha a vida animal. Porém aquilo que o caracteriza como humano é existir na ordem da cultura.

Outro exemplo: Uma mãe procura uma psicanalista por uma série de dificuldades em conduzir a educação de seu filho que já ia pelos 5 ou 6 anos. Numa das sessões ela narra: "meu filho tem uma mania que me incomoda muito e me atrasa no cuidado dele. Sempre que o coloco no banho ele faz cocô no box do chuveiro". A psicanalista interveio firme: "E a Sra. permite?". Na sessão seguinte: "A sua intervenção me deixou pensando. Naquele dia mesmo cortei a mania de meu filho". Ela, graças à intervenção da analista, se deu conta de que estava conivente com o filho e omissa em sua função materna de o ordenar.

Os exemplos são infindos. Mas esses dois revelam aquilo que os psicanalistas chamam de castração. Trata-se de uma intervenção dos pais, uma palavra firme, ordenadora, que tira a criança de um imaginário transgressor ou alienante e a coloca no real, na assunção da cor e na interdição do uso de um lugar inadequado para a descarga defecante.

Defendo sempre a subjetividade de cada casal na ordenação de pulsão do filho. Isso é importantíssimo, a meu ver, porque é essa originalidade que imprime a convicção da mensagem da palavra do pai ou da mãe. Penso que é essa determinação interna do pai ou da mãe que torna a palavra ordenadora, performativa, eficiente e eficaz. Estamos num projeto humano, não na domesticação ou no condicionamento de um animal. Costumo, no atendimento aos pais, meus pacientes, dizer que os filhos precisam ter a consciência, ter a sensação, ou, melhor, a segurança da FIRMEZA deles: *"hai que endurecer, todavia sin perder la ternura"*. "Aquilo que ordena a pulsão, que ordena a criança é a função simbólica dos pais, essencialmente a do pai, que Lacan denomina "Nome-do-Pai".

Nada pior para a criança do que "mães marias-moles e pais de espinha gelatinosa". Pais permissivos, pais indecisos, pais omissos, pais sem convicção da missão que assumiram, verdadeiramente esses pais não amam seus filhos. Pelo contrário, os destinam a um futuro problemático, serão eles adultos frágeis, sem garra, sempre bafejados pela incerteza ou indecisão. Presas fáceis de seduções inconstrutivas, sempre apegados a gozos imediatos. Sujeitos sem crítica e sem critérios.

A clínica da psicanálise constata que o sujeito humano só pode ser sujeito na medida em que a palavra ordena sua pulsão. Assim é fundamental que os pais levem a sério suas palavras. Deu uma ordem, o filho não obedeceu, é fundamental que o pai ou a mãe não fique repetindo ordem que não foi executada. A palavra parental se desgasta, perde vigor. E, pior, o filho percebe a falta de autoridade, isto é, a seriedade da necessidade da Lei. Ele passará a "gozar" dos pais. Esse procedimento é deformante para a criança e instala uma desordem na ordenação da relação parental, desordem que se estende às diversas atividades como dormir, comer, higiene, brincar, internet, TV, horário escolar... Dita uma palavra, não obedecida, é preciso que os pais cortem imediatamente o nhenhem de inércia ou da contestação. Essa firmeza fará a criança sempre pensar: "quando papai fala", "quando mamãe ordena" é melhor obedecer porque é sério". A criança aprende a respeitar a palavra porque as palavras dos pais são firmes. Quando o pai e a mãe estão presentes é importante que o pai: "escutou a ordem de sua mãe" ou mãe, "você ouviu o que seu pai falou"? Os pais são inteligentes o suficiente para perceber a diferença de sensibilidade de cada filho. É profícuo que respeitem essa sensibilidade ao os abordar.

Além disso, se o pai ou a mãe aplicou um modo de agir que não funcionou, isto é, não resultou na ação esperada, é pouco inteligente repetir o mesmo método. Não adianta insistir em rua sem saída. É preciso "criar" outra saída. Não existe certeza previa de que nossa ação educativa produza o efeito desejado. Só *a posteriori*, isto é, pelo sintoma, podemos saber se nossa maneira de agir produziu resultado. Na verdade, não existe manual para o casamento e menos ainda para criar filhos.

Esse início do século XXI se apresenta como um grande desafio para criar filhos. Nossos antepassados tinham parâmetros de hábitos e costumes bem definidos. Mesmo a instituição familiar gozava de uma estabilidade que hoje cada vez menos existe; além disso, várias são hoje as formas de família. Zygmunt Bauman definiu o mundo atual como "mundo líquido"... e o amor como "amor líquido"...

Embora estejamos num momento de passagem para um mundo cujos parâmetros estão longe de ser definidos, costumo dizer a meus pacientes pais que, por difícil que seja essa travessia, eles precisam acreditar que darão conta de conduzir a educação de seus filhos. "Criar" filhos, nunca essa proposta se tornou tão verdadeira: temos que "criar" a cada instante, achar soluções para as dificuldades que nossos filhos, hoje severamente influenciados pela mídia, por forte pressão social, nos trazem continuamente. É um desafio que nos conclama para a inventividade, para a invenção de novas saídas. Os tempos mudaram radicalmente: os filhos atuais não estão presos ao amor reverencial aos pais como outrora; eles se sentem desde tenra infância na liberdade de interrogar os pais, mesmo de os contestar. "Senhor", "Senhora" desapareceram do vocabulário deles. Eles já não se pautam exclusivamente pelo discurso dos pais.

Influenciam-nos as mensagens eletrônicas, estão em rede e são não raro, vítimas de mensagens para as quais não têm maturidade. São solicitados a tudo precipitar, não têm repouso para o amadurecer tranquilo, em tudo são literalmente seduzidos a não esperar e em tudo a antecipar as fases do amadurecimento corporal ou psíquico. São atraídos para o gozo imediato das coisas, sobretudo do acesso a toda e qualquer informação da internet. Facilmente nossos filhos se viciam nos joguinhos ou outras atrações da rede. O vício consiste num direcionamento único da pulsão. A busca irrefreável de um gozo único, total dependência dele. O sujeito humano desaparece, ele já não é mais um ser livre para escolhas.

E além de tudo vivem num mundo onde tudo se tornou líquido (Z. Bauman) desde a organização familiar até a organização social. Não bastasse isso, nossos filhos estão crescendo num mundo indiferente ao sofrimento humano: todo dia assistem na TV ou nas redes a morte dos seres humanos, a violência solta, como algo "natural" da época. E assim foi dolorosamente com os números de mortos da Covid e a indiferença diante do enterro em valas comuns e o alheamento da dor das famílias que do dia para noite perderam seus entes queridos.

Os pais hodiernos têm uma missão construtiva bem mais necessária e atenta do que em outros tempos. A cada lance eles são solicitados a oferecer um balizamento, uma crítica ou uma retomada da escala de valores em que acreditam e que os conduziram a ter filhos. A relação de pais e filhos se tornou mais intensa e mais consciente. É um alerta contínuo para preservar os valores que garantem a vida, a existência e que constroem a sociedade.

O mundo virtual mantém nossos filhos fora do real. O outro é outro virtual, abstrato. Não é o outro que encaramos olho no olho, corpo a corpo, tão necessário na construção de um mundo humano, dimensionado pela respeitosa convivência real com o outro. Compete aos pais levar seus filhos a encarar o mundo real, o outro do qual dependemos e sem o qual a vida seria impossível: o outro que garante o funcionamento da vida cotidiana: da água, do esgoto, da energia elétrica, do gás, do supermercado, do shopping, da roupa, do calçado, do carro, da bicicleta, da escola, da cidade, das ruas... Sempre há um outro que graças a ele, minha existência, naquele espaço marca-me presença e me garante o momento presente. Também o outro que, marginalizado, não consegue ser outro como eu e meus colegas. Aqueles que não têm teto nem comida, aqueles que habitam as ruas, aqueles que a injustiça social corta do usufruto da vida, sobretudo pela "ganância insaciável" de alguns poucos que detêm as riquezas da nação.

A noção e a convicção do outro é um tesouro decisivo na formação do caráter de nossos filhos. A vida deles adquire sentido só e enquanto mantêm a consciência contínua do outro. É importante que os filhos, desde tenra idade, testemunhem a dedicação, a atenção dos pais em eliminar a pobreza ou ao menos, em socorrer o pobre. Desde cedo é propício que os filhos se desfaçam de brinquedos, roupas, sapatos que, embora em bom estado, a eles já não servem mais. A solidariedade humana pode reverter a injustiça social do mundo pós-moderno. A fome não tem justificativa, sobretudo no Brasil. É preciso formar a consciência moral de nossos filhos: eles precisam descobrir a beleza moral, distintivo por excelência do ser humano; eles precisam descobrir a beleza de uma convivência respeitosa entre pais e filhos, entre colegas, entre os seres humanos. Deverão ter por princípio não invadir o corpo do outro e se defender ao ser invadido, descobrirão que a liberdade deles pode muito bem conviver com a liberdade de outrem. Saberão respeitar as coisas próprias e as alheias, se eximirão de pôr a mão no que não lhes pertence. Terão orgulho de cumprir os deveres escolares, sociais e laborais. É fundamental que tenham a consciência tranquila e a alegria de ter cumprido o dever. A consciência do dever é obra de civilização, de subjetivação e importa transmitir-lhes o amor à verdade para que descubram que só ela liberta realmente. A mentira inviabiliza a vida em sociedade. Aprenderão cedo a tolerância, praticarão uma convivência sem juízo de valor do outro e muito menos cederão às discriminações sejam elas quais forem. Acolherão as pessoas e decididamente abominarão os preconceitos: sejam eles religiosos, de gênero, classe social, raça ou cor... Somos todos irmãos, com os mesmos direitos e deveres, sendo a morte igual para todos, selo desse princípio fundamental. A humanidade, a civilização impreterivelmente têm que ser construídas de novo a cada nenê que nasce. A civilização, a cultura do amanhã terão a qualidade e o sentido que hoje os pais propiciam a seus filhos.

O próprio do milagre da pulsão é poder ser outra, sublimar, ou simplesmente "outrar" como dizia Fernando Pessoa.

Nos Atos dos Apóstolos na Bíblia, há uma tirada que toca fundo: "Mais bem-aventurada coisa é dar do que receber" (20.36). Uma criança que cresce pensando no outro sempre primará pela solidariedade. Breve entenderá que sem ela a humanidade é inviável.

## Conclusão

A pulsão não é instinto. É uma energia moldável, "força constante", destinada a se transformar em civilização. Em solidariedade humana.

Clinicamente considerando podemos constatar quatro estádios de pulsão: a pulsão solta (devastadora), a pulsão enroscada ou encrencada (neurose ou psicose), a pulsão a-viciada (atolada no gozo) e a pulsão sublimante (aquela que produz, produz obra, civilização).

O destino humano da pulsão, o destino realizante dela, é sublimar-se. Contudo, quando interrogamos a História da humanidade, que constatamos? Um duplo encaminhamento.

De um lado, as ciências, as artes, a solução dos grandes impasses da humanidade, o amor ao próximo, a compaixão, alimentação, instrução, saúde, a convivência humana... A pulsão a serviço das realizações humanas...

Contudo essa mesma energia que produziu tanta beleza, tanta grandeza humana, produziu também a vergonha da humanidade, feitos imorais de façanhas obscenas. O combate aos hereges, as cruzadas, as ruas de Jerusalém escorrendo sangue, a Inquisição, a fogueira, sobretudo mulheres por pensarem diferente, a escravidão (três séculos!), as guerras de religião, as excomunhões, as guerras mundiais, o horror do horror, o holocausto: Auschwitz, Treblinka, Struthof... campos de morticínio: fome, doenças, câmara de gás... cadáveres no forno ardente para esquentar a água de banho dos oficiais... E ironia da maldade, da perversão macabra no portal do campo: "*Arbeit macht frei*" (o trabalho faz livre)... trabalho forçado, prisioneiros inocentes (por ser judeu, homossexual...) num campo de extermínio... O Gulag, o engenho humano guiado por uma ideologia macabra, devastadora... O instinto animal jamais engendraria tamanha monstruosidade... "A fera nunca pode ser tão cruel como o homem" (Dostoiévski, F.). Porém a pulsão, a pulsão desregrada, pervertida... estão aí os fatos... façanhas repugnantes. Só o homem movido à pulsão solta, à pulsão fanatizada, à paranoia de perseguição e de destruição... só o homem alucinado em ideologias eugênicas, religiosas, filosóficas ou políticas é capaz de dirigir a pulsão às maiores devastações da História da Humanidade... E não raro em nome de um deus... de um profeta da destruição.

Vejam os pais o perigo, a ameaça da pulsão solta ou perversa. Educar é atar a energia, é ligar a pulsão à consciência moral, à sublimação, àquilo que constrói, à Lei, à civilização, à justiça, à solidariedade, à comunidade dos seres humanos. Ao contrário desse ideal humano e humanizante, que horror pensarmos que nós pais podemos criar filhas ou filhos que agirão movidos pelo ódio, pela violência, pelo crime, pelo tráfico de droga, tráfico de seres humanos... Filhos que alimentam "gabinete de ódio" que enxovalham a honra das pessoas, que praticam "o cancelamento" delas. Filhos que em vez de unir os seres humanos os desunem pela polarização ideológica, pelo desrespeito às diferenças... Seres humanos desajustados de seu eixo pessoal e social. Seres humanos impregnados de malignidade com intencionalidade malévola, perversos na busca do gozo do sofrimento do outro ou no abuso, na exploração de sua fragilidade. Mesmo nos regimes mais democráticos há sempre reaparecimento de indivíduos psiquicamente desestruturados na espreita da possibilidade de torturar, de matar, sempre à espera diabólica de uma oportunidade. É o que se vê abertamente em toda ditadura e em governos negacionistas.

Infelizes diante da felicidade dos cidadãos que dedicam a vida a um ideal de grandeza: eliminar as desigualdades, a pobreza, unir os cidadãos na labuta comunitária, preservar direitos e deveres, alimentação, educação e saúde para todos, conservar e proteger a natureza, pois dela todos dependemos.

Muito linda e grandiosa a missão de ter um filho e educá-lo para preservar e promover a vida. Com a pulsão não se brinca nem se omite, ela tem que se humanizar. Ela pode se tornar perigosa. Em *Confissões* escreve Santo Agostinho: "onde há desordem reina agitação, e na ordem reina a paz"... "o mal é carência do bem".

Enfim, ser pais é propiciar à filha ou ao filho as veredas que constroem vida, constroem pontes e não muros para atrás dos quais se retrancar em egoísmos, ódios... "os produtores de divisão".

Nessa esteira da pulsão desordenada, é de grave consequência para as crianças e para os jovens a violência em família. Seja entre esposa e esposo, seja entre pais e filhas, filhos. Há muitas formas de violentar uma criança. Todas são covardes. A criança não tem defesa. E a violência sexual sem dúvida, é uma das mais traumatizantes.

A violência sempre machuca, se não fisicamente, com certeza moralmente. Cenas de ódio, de discussões ofensivas fazem fenecer o pacto conjugal, o amor vai ficando ferido e o relacionamento vai deixando de ser construtivo. Anúncio de futuro sombrio. Da mesma forma para filha ou filho a violência dos pais para ambos os marca de maneira indelével: castigos severos, bater, agressões verbais, humilhações, lutas de prestígio são marcos (significantes) que se imprimem na alma gerando tristezas, rejeição, mágoa… ressentimento. Este, o veneno da alma. De pais, com autoridade, cada um em sua função específica, basta a palavra firme, ordenadora da pulsão, restituidora da ordem e da Lei. Se formamos uma família temos um pacto para nos guiar: em virtude dele não é preciso nos desrespeitar diante dos problemas ou mesmo de possível ruptura. A agressão ou a violência é satisfação egoica vazia e não saímos do lugar.

Em nossos dias, nesta primeira quadra do século XXI, vivemos um descontrole desastroso da pulsão solta.

A internet, potencial magnífico para conexões entre humanos e para a pesquisa, transbordou-se em pulsão desabrida para a demolição moral do próximo. A internet possibilitou a expansão dos "imbecis" (U. Eco), do mau-caratismo, dos perversos até aí enrustidos, dos maldosos, dos mal-intencionados, dos recalcados do ódio, da vingança...

O currículo oculto dos mal educados ou perversamente educados, conheceu uma expansão inimaginável. Apaixonados da escória humana, da vilania mais repugnante, da covardia mais ignóbil medraram nas redes (anti-) sociais como esgoto em céu aberto. E, em perversão despudorada, gabam-se do malfeito.

Visam, em vez de uma sociedade de iguais, de tolerância, de amor ao próximo, uma caterva lupina de ódio ao próximo. De cancelamento do outro. De difamação do outro. De demolição da honra do outro[3]. A "alma pequena" corrói-se na inveja fraterna. A pulsão solta pode, *hellas*, produzir os crimes mais hediondos. Nisso o reino animal é muito superior. Não existe essa malignidade.

Resumindo: A pulsão é realmente um perigo real. Ela sempre estará entre pulsão de vida e pulsão de morte (tânatos). O ser humano para ser humano tem uma só saída: ser ético. A formação da consciência moral é o fato mais fundamental no processo da sublimação da pulsão. Pulsão solta ou desgovernada ou deformada ou pervertida ou congelada no vício ou coagulada no fanatismo é uma avalanche devastadora para o sujeito, para o próximo e para a sociedade.

Freud, o cientista que desvelou a misteriosa constituição psíquica do ser humano, sabia bem o que escrevia quando nos legou: "A civilização é fruto da repressão". Mais ainda: "pode-se dizer que o grau

---

[3] Eis em Folha de S. Paulo, 25/09/21, um exemplo asqueroso a que chegamos nessa república sem compostura, sem respeito sobretudo à mulher. Trata-se de Tabata Amaral, deputada federal, "Quem você quer provocar com esse batom vermelho? Linda, não precisava nem abrir a boca. Mocinha, se inscreve no Big Brother, põe um silicone e tenta algo na TV ou na indústria pornô! Foi para Harvard, mas com certeza foi uma aluna medíocre lá. Adiantou pouco ter estudado em Harvard, informou-se até em astronomia, mas não se educou nem aprendeu a pensar. Você é muito burra, meu Deus, como pode. Meu anjo, cala a boca.

Pega o absorvente e manda para as tuas primas. Isso é carência. Anuncia filiação no mesmo partido do namorado. O amor é lindo e o prefeito fisga ela outra vez. Precisa de homem. Vai lavar a louça. Você é louca, filha?

Seu pai deve ter fugido ao ver a bosta de filha que se tornaria. Com uma filha desse tipo, entendo ele ter se matado. A pessoa sai do lixo, mas o lixo não sai dela. Volta pro esgoto!... Puta, vadia, vagabunda, imbecil. Puta. Puta. Puta.

Se eu encontro na rua, soco até ser preso. Se eu vejo essa mocreia na rua, não teria feminista para me segurar de quebrar a cara dela. Daria uma surra nessa puta ordinária. Quando você vai sair na rua de novo? Horário, lugar etc… queria fazer uma visita com meu canivete. Se eu encontro na rua eu dou dez facadas nessa cara de sonsa sua arrombada...

Pois é, também não é fácil para mim ter que ouvir e ler tudo isso. E esses são apenas alguns exemplos, transcritos aqui sem modificações, das agressões que recebo diariamente. E não, esses ataques não vieram apenas de milicianos bolsonaristas. Vieram também de militantes de esquerda, filósofos, jornalistas, atores de novela, parlamentares e ministros.

Jamais seremos um país realmente democrático enquanto a política não for um espaço seguro, física e psicologicamente, para as mulheres. E isso só acontecerá quando tivermos tolerância zero com a intolerância, independentemente de quem seja o alvo ou o agressor. Porque respeito não é reverência, é regra mínima de convivência".

de repressão é ao mesmo tempo o de nossa saúde psíquica" (Freud – Interpretação p. 494).

"Aquilo de que a experiência analítica dá testemunho é que a castração é em todo caso o que regra o desejo, no normal e no anormal" (Lacan, J. Ecrits p. 826).

É a "estética da renúncia"... É "a terrível responsabilidade de existir" (Fernando Pessoa).

# Criança sintoma dos pais

## Mãe e pai nesse início do século XXI

Em 10 de janeiro de 2020, a Folha de S. Paulo publicou uma crônica-ficção da escritora Tatiana Bernardi, intitulada "Olha essa mãe" [4]. Eis o texto:

"Estou no shopping com meu marido e minha filha (perdão, moro em São Paulo) quando ela aponta para um canudo comprido com sabão e um cachorrinho na ponta.

Enquanto eu tento entender que cazzo é aquilo, ela começa a se sacudir inteira, porque quer me explicar, mas ainda é um bebê (ou eu acho que é?) — e, mesmo que falasse perfeitamente, quem poderia descrever com maestria a utilidade real daquele objeto?

Ao ver que nossa filha vai ter uma de suas crises de "se joga, berra, grita, chuta, bate, perde o ar, quase vomita" e, junto com ela, nós vamos ter uma de nossas crises de "não sabemos o que fazer, não conseguimos ignorar, se não ignoramos só piora, não podemos dar tudo o que ela pede, mas ela é tão linda e essa merda é só 47 reais, sempre julgamos pais cujos filhos fazem isso e agora a nossa faz, parece coisa de criança mimada, mas ela está angustiada e sofremos com ela, amamos esse serzinho mais que tudo, que saco, quero fugir dessa vida, eu era feliz, eu não era feliz", meu marido corre para o caixa segurando o canudo com sabão e um cachorrinho na ponta e pede passagem.

---

[4] Em carta à autora via Folha, este autor lhe pediu autorização para publicar esta crônica-ficção com a análise anexa. Ela o autorizou via e-mail. Sou-lhe grato pois ilustra com precisão este momento histórico de transformação na relação pais x filhos: Em 11 de março de 2020 a escritora e jornalista Tati Bernardi escreve a este autor: "Oi, Durval, muito obrigada pelo livro, o texto e a cartinha... pode usar sim meu texto, fique a vontade".

Ele avança enérgico, como se empunhasse a tocha olímpica. Em breve, minha filha vai parar de emitir, de sua incansável e valente goelinha, o alarme terrível, agudo, ininterrupto e perturbador (já li uma pesquisa dizendo que é mais estressante do que estar em guerra ou inventei isso?).

Só que não. Agora ela está irritadíssima porque o plástico não abre e depois fica estressadíssima porque as bolhas demoram a sair (ela não sabe fazer as bolhas e eu tento ensinar e só piora e o grito primal do horror está voltando, por Deus, eu era uma jovem cheia de sonhos).

Mas isso tudo é a ponta do iceberg. Na noite passada ela não dormiu. Ou melhor, o pouco que dormiu, exigiu que fosse em cima da minha cabeça. Então eu não dormi e, não sei como, também não respirei.

Estou errada em deixar? Devo estar, mas às quatro da manhã nem sempre você consegue educar. Às vezes você só quer mesmo deitar e tentar morrer um pouco.

Durante o almoço, ela se divertiu colocando arroz dentro de um copo com água e transformando sua alimentação em uma "massinha". Estou errada em deixar? Devo estar, mas tente educar tremendo de fome e necessitando desesperadamente de alguns minutos de paz e carboidrato.

De repente, descolou a porra da cabeça do cachorro da caralha do canudo e foi sabão para tudo quanto é lado. Minha filha só faltou me matar. Meu marido foi dar um tempo. E, nessa hora, uma velha desgraçada passou a falou: "Olha essa mãe!". Sim, me julgando. Aquela boquinha murcha de "no meu tempo...". Estou errada em chamar uma idosa de desgraçada?

Devo estar. Mas, como me disse uma vez a saudosa Fernanda Young: "Tem velho que é só um desgraçado que envelheceu".

Joguei a desgraceira do brinquedo no lixo, segurei firme o bebê (com dois anos é bebê?) no colo e mandei a real com muita segurança e determinação: "Calma, amor, mamãe vai comprar outro!". Estou errada? O tempo todo.

No final, me tornei o que mais temia: uma daquelas senhoras roliças que tenta acalmar o bebê (ainda é bebê com dois anos?) em um conglomerado de lojas.

Ontem, uma amiga me mandou uma foto de uma mulher descabelada, semiafogada por uma onda gigantesca do mar.

O título era "Mãe nadando nos cuspes que jogou pra cima". Antes de falar "olha essa mãe!", faça exatamente isso: olhe com compaixão para uma mãe. Elas são o máximo".

*Seja qual for o futuro esse declínio (da autoridade paterna) constitui uma crise psicológica.*

(J. Lacan, 1936)

Texto elucidativo: real ou ficção? Pouco importa. Fecho em cima do real da escrita. Após o capítulo precedente ele nos conduz concretamente ao sofrimento de pais e filhos nessa passagem histórica do primeiro quarto do século XXI.

Ao longo dessas páginas vimos que a pulsão, energia humana, está na criança desde seu nascimento. Deu-lhe a vida e mantém a vida. Vimos também que essa energia é neutra, indeterminada, distinta de instinto, que é um determinismo de cada espécie, um "saber impresso", uma "aprendizagem inata".

A pulsão, essa energia especificamente humana, se caracteriza pela total "falta-para-ser" (J. Lacan). Cada criança que nasce precisa, não tem outra saída, desde a aurora de sua existência, transformar sua energia, moldá-la, aviá-la em civilização. Isso em qualquer povo ou etnia. Essa característica da energia humana, como vimos, Freud chamou sublimação.

Isto posto, concentremo-nos nessa crônica. Que ela nos ensina?

A crônica retrata precisamente a situação em que se encontram os pais hodiernos. Com o declínio do poder patriarcal, o avanço (enfim!) da posição da mulher, século XX-XXI, criou-se um desequilíbrio no relacionamento homem x mulher e, consequentemente na relação pais x filho.

O episódio em pauta tem início num shopping e termina na casa do casal. Dispara-se uma desordem da pulsão.

A criança, 2 anos, evidentemente age pelo estímulo do momento, sem crítica sobre conveniência ou não do que ela pede e sem critério para avaliar o objeto em jogo.

A mãe cede ao impulso dela, movida pelo imaginário de que negando, a filha "começa a se sacudir inteira". Só que ao se perguntar quem poderia descrever com maestria a utilidade real daquele objeto, ela dá prova de que ela ou o pai, senão ambos, poderiam se posicionar quanto ao ímpeto ou imposição da criança. Uma criança de dois anos age irrefletidamente guiada pela visão do objeto, pelo imaginário dela e não pelo real do objeto.

A mãe não se posiciona, é guiada pela descompensação previsível da filha: "se joga, berra, grita, chuta, bate, perde o ar, quase vomita"... e a crise histérica da criança tem a contrapartida da crise dos pais: "não sabemos o que fazer, não conseguimos ignorar, se não ignoramos piora (mas eles não ignoram!), não podemos dar tudo o que ela pede", (mas eles dão).

Evidentemente essa mãe sabe muito bem o que fazer, mas não faz.

Pelo contrário, simplesmente "mela" a situação fugindo pelo sentimentalismo de "linda" e o apelo material: "essa merda é só 47 reais". E a mãe tem consciência clara de que o comportamento da filha é de "criança mimada", ou seja, ela e o pai não tomam providência diante da pulsão solta da filha e a filha não sabe o que fazer com a invasão da pulsão. Resultado: a "angústia" toma conta da criança. Angústia benéfica, pedindo limites, aviamento da energia. Em vez disso, "mela-se" tudo: "amamos esse serzinho". Se amor fora, a criança seria auxiliada a superar o impulso e o encaminhar para um passo civilizatório. São os pequenos passos de renúncia que conseguem a conquista da subjetividade e da civilização. E isto se chama sublimação.

E o pai (suponho que seja o pai), bem afinado a essa pós-modernidade "líquida" (Z. Bauman), sai correndo "como se empunhasse a tocha olímpica". Um pai ausente em sua posição de pai e como tal ausentificado pela mãe... é mero comprador... E "olímpico". E a mãe em sua onipotência a se iludir: "Em breve, minha filha vai parar de emitir de sua incansável e valente goelinha, o alarme terrível, agudo, ininterrupto (sic!) e perturbador". De novo a mãe cedendo de antemão à birra previsível da filha. Não é mãe que educa. De antemão o que rege a mãe, é o suposto "alarme terrível, agudo, ininterrupto e perturbador". A criança percebeu que dispõe desse estratagema para manipular a mãe. A mãe se demite. Bate em retirada. Como mãe, como educadora. Mas a pulsão uma vez disparada ela não para.

A criança sob domínio da pulsão sem peia não consegue dar conta sozinha (e com todo direito!), ela precisa de pais que a ordenem no jorro do impulso. Em jargão psicanalítico: o ser humano só pode ser sujeito se se abstiver do gozo para ser sujeito de desejo. O gozo válido, construtivo para o ser humano, é aquele que é usufruído sob a lei. "A castração quer dizer que é necessário que o gozo seja recusado, para que ele possa ser atingido sobre a escala revirada da Lei" (J. Lacan - Ecrits pg. 827). Entre mãe e filho, entre pai e filho sempre uma lei, uma norma, um hábito saudável. Quanto mais demandas satisfeitas mais desmandos na ordenação da pulsão. A demanda, diz Lacan, "sempre é demanda de outra coisa".

E a coisa desanda a tal ponto, "que é mais estressante do que estar em guerra". Estar em guerra é menos estressante do que ordenar uma criança de dois anos! A que ponto chegamos nesse sofrimento de pais e filhos!

Com a pulsão toda: "agora está irritadíssima (sic) porque o plástico não abre... estressadíssima (sic!) porque as bolhas demoram a sair". Freud no "Mal-estar na Cultura" e Lacan no Estadio do Espelho demonstram que a agressividade é da própria estrutura do ego (imaginário); contrariado, o sujeito reage com agressão.

O domínio da criança sobre a mãe é total: a mãe "tenta ensinar e só piora e o grito primal do horror está voltando".

O "grito primal" é o grito da criança ao experimentar seus pulmões colabados subitamente inflados pelo primeiro jato do ar. É o começo da vida autônoma, é o sinal de que o cordão umbilical foi cortado. Embora essa criança já tenha dois anos, a cada nova experiência do corte da mãe é sempre primal. Vê-se a que ponto a mãe encara a possível agressividade da filha. Primal é como se a filha estivesse na estaca zero do nascimento.

O descontrole da pulsão não encaminhada é avassalador, é enxurrada ladeira abaixo. Se os pais não põem limites ("castram"), a criança dispara, não consegue sossegar-se: "Mas isso tudo é a ponta do iceberg. Na noite passada ela não dormiu. Ou melhor, o pouco que dormiu, exigiu (sic!) que fosse em cima da minha cabeça. Então eu não dormi e, não sei como, também não respirei". Não tem paz, não dá paz.

Essa cena me trouxe à memória "Macunaíma, o Herói sem Caráter", livro primoroso de Mario de Andrade: explicita a pulsão solta ou perversa: ..."quando era para dormir trepava no macuru pequeninho se esquecendo de mijar. Como a rede da mãe estava por baixo do berço, o herói mijava quente na velha, espantando os mosquitos bem. Então adormecia sonhando palavras feias, imoralidades estrambólicas e dava patadas no ar". Macunaíma "já na meninice fez coisas de sarapantar... De primeiro 6 anos não falando... Ai que preguiça! ...O divertimento dele era decepar cabeça de saúva... Vivia deitado... mas se punha os olhos em dinheiro, Macunaíma dandava para ganhar vintém... No mucambo se alguma cunhatã se aproximava dele para fazer festinha Macunaíma punha a mão nas graças dela, cunhatã se afastava. Nos machos cuspia na cara... As mulheres se riam muito simpatizadas falando que "espinho que pinica, de pequeno já traz ponta"... Quando contrariado: "Macunaíma choramingou dia inteiro. De noite continuou chorando". Pulsão desabrida... "espinho... de pequeno já traz ponta". Porém Macunaíma não era filho do pai, era "filho do medo da noite". A carência de pai... "perturba a dialética das sublimações" (J. Lacan).

A desordem pulsional não cessa; incrível, isso não acontece com o animal. A pulsão descontrolada se torna opressora. A criança fica intranquila, sempre quer mais e mais. Está aí o modelo dos vícios. Maconha, álcool, dinheiro, sexo... não importa: sempre mais e mais. Apenas gozo. "Vontade de gozo", diz Lacan. Não há mais sujeito de desejo, ou seja, não mais escolha, há dependência. E a criança para ser sujeito precisa aprender, não há outro jeito para o ser humano, precisa aprender que só a renúncia aos impulsos a faz humana, civilizada.

A menina tendo todas as exigências satisfeitas não conseguiu sono. E, como fora a mãe que abriu todas as comportas, ela avança sobre a mãe: "exigiu que fosse em cima da minha cabeça"... e a mãe cede mais uma vez. E aí, claro: "então eu não dormi". A desordenação é múltipla: a criança não dorme, invade a alcova, impõe-se na cama dos pais e determina o lugar... E a mãe se omite totalmente: ... "mas às quatro da manhã nem sempre você consegue educar". É verdade que nós pais nem sempre conseguimos educar... infelizmente essa é a condição de ser mãe, de ser pai... Todavia, uma vez assumida a maternidade não tem essa de hora para educar. E a mãe sente que é invadida, mas não toma atitude: "às vezes você só quer mesmo dormir". E ela não se respeita, não dá "um chega para lá" na criança. Mãe e filha em sofrimento mútuo, neurótico, por pura desordem na relação mãe x filha.

Mas a mãe tem consciência de que é ela que não ordena a filha: "Estou errada em deixar"? É o superego batendo na consciência, chamando-a ao exercício da educação da filha.

E a desordem continua no dia seguinte: é claro que uma criança pode "se divertir" com uma "massinha" de arroz... Mas quando isso vira uma imposição para se alimentar fora do cardápio da família, o domínio dela sobre a mãe amplia no mesmo ritmo do dia anterior. E a consciência materna toca a campainha de novo: "Estou errada em deixar? Devo estar"... e a desculpa desta vez para a omissão do corte materno: como educar "tremendo de fome e necessitando desesperadamente de alguns minutos de paz"? Nada mais justo para uma mãe... sobretudo uma mãe exaurida pela exploração de uma filha insaciável. Mas a filha, descomedida, não sofre menos; também ela está "necessitando muito de alguns minutos de paz", mas a mãe não lhe propicia esse benefício. O pai muito menos. E aí ambas se exasperam.

Evidentemente uma criança de dois anos não tem maturidade neurológica para manipular adequadamente o brinquedo em pauta. Por três vezes a mãe se conscientiza: "ela é ainda um bebê? Eu acho que é". O brinquedo se espatifa "para tudo quanto é lado". A garotinha que conseguiu domínio total sobre a mãe: "minha filha só faltou me matar".

A incapacidade neurológica, "o acidente", a filha os projeta sobre a mãe. O marido espana: "foi dar um tempo" e o superego materno bate forte: "olha essa mãe"... "no meu tempo"... "sim, me julgando". Patente que "no meu tempo" não é da velhinha, mas do "depósito" (recalque), da consciência materna: e, de novo, pela segunda vez: "estou errada"? A filha projeta na mãe o esparrame do líquido e a mãe empurra seu fracasso para "a boquinha murcha de no meu tempo".

E a emenda é pior que a "desgraceira": primeiro apela aos músculos: "Segurei firme o bebê (sic!), segundo, mandei o real (sic!) com muita segurança e determinação": "Calma, amor, mamãe vai comprar outro".

E a pulsão sem limites da criança vai chafurdar-se num "conglomerado de lojas". Confusão total: a birra da criança é de ordem psíquica, fruto de uma pulsão insaciável e indômita. A pulsão só se sacia pela repressão, pelo corte, pela castração. Ela se destina à ordem do ser e não do ter. Quanto mais ter tanto mais tresloucada. Só a renúncia pode fazer dela uma estética (F. Pessoa).

A pulsão, energia humana, tem um só destino realizante: a sublimação. Evidentemente "uma mãe descabelada", "semiafogada", cuspindo para cima e o cuspe a cair na cara, é uma mãe equivocada em sua função de mãe. É uma mãe que devora a maternidade e, consequentemente, uma mãe por ela devorada.

E por que isso acontece nesse caso específico?

Primeiramente, "Porque elas são o máximo". É muita pretensão... uma tal mãe está equivocada. Não existe mãe-máximo! Mãe é mãe--Maria, mãe-Paula... Mãe possível e nada mais, o resto é idealização perigosa para ela e para o filho.

Não existe mãe sem erro. Mãe-máximo é fantasia de onipotência, é compensação de possíveis frustrações de seu histórico que ilusoriamente usa o filho para adiar o encontro com o real, seus limites, erros e fracassos como mãe.

O caso em pauta elucida essa bazófia maternal. Precipuamente porque elimina o pai. A função materna não cobre a função paterna e vice-versa.

A função paterna é aquela que introduz a separação da criança da mãe. A função paterna é a função da Lei na ordenação da pulsão. Mas isso supõe que a mãe a leve em conta na educação do filho, o que não acontece nessa menina de dois anos. O pai é um ausente por ele e por dominação da mãe. O pai é apenas um "comprador olímpico". Nem mesmo na invasão do leito conjugal ele toma providência: permite que a filha invada o repouso da mãe, não toma atitude, não ordena a filha, não exige respeito à mãe, não a faz voltar ao quarto dela.

O psicanalista Jacques Lacan em um de seus escritos sobre a origem da loucura afirma o seguinte: "Por lá, se nos dirá que se coloca o assento precisamente sobre o laço de amor e de respeito por onde a mãe coloca ou não o pai em seu lugar ideal"... ...

"Porém aquilo sobre o qual queremos insistir, é que não conviria de se ocupar unicamente da maneira como a mãe se acomoda com a pessoa do pai, mas do **caso** que ela faz de sua fala, digamos a palavra, de sua autoridade, outramente dito, do lugar que ela reserva ao Nome-do-Pai (=função paterna) na promoção da Lei" (Ecrits, pg. 579).

A partir do caso da paranoia do presidente Schreber Lacan genialmente coloca um princípio de alto valor clínico: ..."tudo depende do **caso** que a mãe faz da fala (do pai)... da sua autoridade... na promoção da lei". No caso de Schreber a mãe diante do autoritarismo do pai, omitiu-se totalmente, deixou o filho ao controle inteiro do pai, até mesmo nas exigências das posturas físicas. Deu no que deu: na hora de assumir a chefia (paternidade) do tribunal viu-se diante de uma impossibilidade total: só o pai dispunha desse poder. Ele enlouquece: cai numa paranoia de perseguição avassaladora.

Então temos: a mãe que omite o pai e a mãe que se omite diante do pai.

Como analisamos em páginas anteriores, sem a aprovação, sem o respeito à palavra, à autoridade do pai por parte da mãe, a criança não se ordena em seus impulsos, não se civiliza. Ela se torna impertinente, manhosa, birrenta, afronta o adulto, grita, frágil diante do menor obstáculo ou contratempo, ranheta, enfim, uma criança sofrida, infeliz, desajustada consigo e com o mundo. Reprisando: "A carência paterna perturba a dialética das sublimações" (J. Lacan).

A cada momento do dia estamos confrontados a uma Lei, a uma ordem, a um costume. Quando essa estrutura não é colocada entre pais e filhos estabelece-se uma relação de bater-de-frente, uma relação de poder, luta de prestígio, chamada de relação dual. Aí nada caminha, tudo emperra. Essa omissão ou intervenção negativa da mãe na vida cotidiana da criança, ela a capta perfeitamente. Aí ela se sente "autorizada" para não ordenar a pulsão. Só a relação terciária, aquela presentificada pela lei entre pais e filhos, ordena a triangulação. Criança "encrencou"? Pulsão obstruída. Criança sofrida. Pedindo ajuda.

Preocupa no caso dessa garotinha: aqui o domínio da mãe é total e a função paterna é relegada. Se o ser humano está formado aos cinco anos (J. Lacan) que será dela, pois já caminhou dois?

Na crônica o que é nítido é que a palavra do pai de modo algum é levada em conta e, do outro lado, a omissão dele é total. Não há possibilidade de que a desordenação da criança não se implante. Pena! Com certeza, sofrimento anunciado: e atual e futuro.

Enfim, essa crônica estampa com evidência espantosa a desorientação dos pais nesses tempos líquidos (Z. Bauman) em que as funções paternas e as maternas estão languescidas. Historicamente, as mudanças na organização familiar se devem ao seguinte: na medida em que a estrutura patriarcal da família foi cedendo à ascensão da mulher (enfim!) na sociedade humana, instalou-se um desequilíbrio nas relações marido x esposa e, consequentemente, na relação parental. A crônica testemunha esse desarranjo.

A mãe a certa altura diz: ..."mandei real com muita segurança". Aí está o equívoco maior. Toda essa "desgraceira", verdadeiro dramalhão, só existiu por falta daquilo que Freud chama de civilização da pulsão humana: "a civilização é fruto da repressão". Tudo teria sido muito simples se a palavra ordenadora (é a palavra que ordena a pulsão, é a palavra que faz a criança ser sujeito de desejo), se a palavra FIRME da mãe: "filha, aquilo não é para você..." "você é muito pequena ainda"... Caso ela insistisse... "chega"! E a criança estaria plenamente apaziguada em seu impulso repentino, de que, sozinha, não podia (com direito) dar conta.

Igualmente na invasão do quarto o pai: "agora é hora de dormir... você não pode atrapalhar o sono da mamãe... vamos já para o seu quarto". Fica claro que essa mãe não lida com o Real, ela se relaciona com a filha guiada por um imaginário equivocado da função materna.

A pulsão, mais uma vez, se caracteriza pela "falta-para-ser[5]". Nunca estará acabada. O dever moral do ser humano é encaminhá-la insistentemente à ordem da lei, à sublimação. Mas sem assistência e

---

[5] A partir da prática clínica em psicanálise, de Freud (Pequeno Hans), de F. Dolto e Maud Mannoni, este autor e vários/as colegas desenvolveram no Brasil a "psicanálise de pais" e não dos filhos.

Baseia-se simplesmente na lógica clínica de que os filhos são sintomas dos pais. Sintomas são sinais de sofrimento vividos pelos pais, mas sobretudo pelas crianças. Esses sintomas surgem, de muitas fontes: dormir, comer, hábitos de higiene, relacionamentos com pais, entre irmãos, com colegas, dificuldade de convivência, na escola ou alhures, dificuldades de aprendizagem, ansiedade, manhas... "encrencas" com a pulsão travada. A análise do discurso dos pais permite a retificação ou reordenação da pulsão "encrencada" e os próprios pais ao ter sua relação enviesada esclarecida na análise, reordenam a organização pulsional da criança e os sofrimentos desaparecem. "Removida a causa, desaparece o sintoma". Nada de conselhos, orientação, coaching e quejandos. Curioso: Essa prática funciona mesmo com filhos chegando aos cincoenta.

Portanto, não fazemos análise de crianças ou jovens (e sintomas) analisamos o discurso de pai e mãe. E ambos se retomam, reordenam o relacionamento com a filha ou o filho e o sofrimento da desordem psíquica desaparece. Pais me perguntam se isso é espiritismo ou mágica. Eu lhes respondo: "esse poder é de vocês, vocês apenas não sabiam". É muito restabelecer a harmonia, a paz na vida individual e na vida familiar.

O primeiro volume que trata dessa prática alvissareira, sobretudo para os dias de hoje: Psicanálise de Pais – Criança, sintoma dos pais – está disponível nesta editora.

ordenação dos pais ela vira "uma desgraceira". Educar é destino dos pais. Aprender, o do filho, da filha. Animal nasce sabido, o ser humano... ignorante.

Enfim vale o princípio fundamental do amor verdadeiro dos pais: a arte de ser pai e sobretudo mãe, é ser inútil ao filho. A cada passo necessário na conquista da civilização, pai e mãe se retiram, em respeito à conquista da filha ou do filho e à liberdade de ele/ela exercer a passagem alcançada. Essa independência da criança é proporcional à resiliência propiciada pelos pais. Mas as crianças de hoje, não à toa, já foram denominadas: "geração mimo", "geração floco de neve". Contudo ordenadas no aviamento das pulsões sofrerão menos no futuro.

# As três crises da existência humana

*Crise: "lugar onde as coisas*
*se misturam e se fundem".*
(Aurélio)

Freud, conhecedor como ninguém da alma humana, nos assinala que em sua existência, o homem passa por três crises. Figuremo-las:

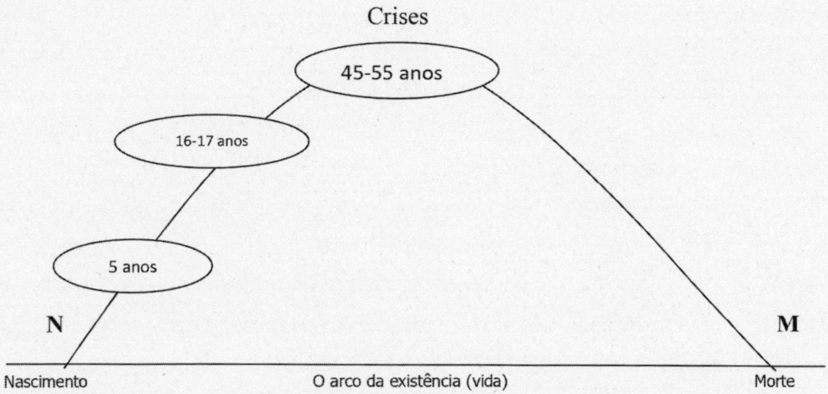


Temos todos uma certeza absoluta: não há como desligar nascimento da morte. Uma vez nascidos, morremos todos.

No trajeto de nossa existência passamos, queiramos ou não, por três crises. As três não são mudanças, são mutações, isto é, passagens, translações irreversíveis. Assim a chegada da puberdade (menstruação, ejaculação) torna impossível o retorno à infância. As três transformações operam um corte com a fase anterior da existência, tanto a nível das alterações corpóreas como em mudanças psíquicas.

Essas três crises são inerentes ao existir humano. Não há possibilidade de não passar por elas. Elas constituem marcos importantes no desenrolar da vida humana. As pulsões passam por transformações radicais em grande parte impostas pelas mudanças hormonais. Não há como separar corpo e mente. O corpo tem um determinismo biológico, em parte governado pela hereditariedade e pelo ambiente, sobretudo pela fala, inescapável: o ser humano nasce, cresce, floresce e fenece. Como todo ser vivente. Não há como interromper o ciclo, embora utopias biológicas sonhem em mil anos para a existência humana, fruto de desintoxicações e "correções" no DNA.

Encaramos as três crises como "momento fecundo". Momentos de crescimento como também momentos propícios ao aparecimento de patologias. Tudo depende das fases que precedem, como da entrega de cada um à realidade da transformação crítica. O esquema parte de N e termina em M. Esta é a única linha reta na existência humana.

O nascimento se caracteriza por uma pulsão à busca de satisfações que sustentem a vida. A alimentação via placenta terminou, a criança no grito de sua vinda ao mundo nos assinala que seus pulmões colabados inflaram e passaram à autonomia da respiração própria. Ela leva um "susto". Ela grita. É a primeira "fala". Em seguida à sensação de frio e a de fome, irrompe em choro à procura de socorro para viver. É a derrelição como realidade do ser humano. Mais que de satisfações fisiológicas ela precisa da acolhida do amor, do carinho que a envolva. Se a roupa lhe transmite o bem-estar de uma temperatura compatível, o envolvimento afetivo conclama-a ao sentido da vida entre humanos. Acolhida em tantas dependências para encetar sua dura caminhada é desde já conclamada para um dia se tornar sujeito de seus atos.

Dada a plasticidade da pulsão, esse início é determinante para o resto da existência. A vulnerabilidade da criança é muito ampla: a pulsão irá responder aos aviamentos que os pais e cuidadores lhe oferecerem. Trataremos mais a fundo dessa encruzilhada da vida em vergôntea.

Do outro lado do arco temos M. A morte é a única certeza absoluta que temos em nossa existência. Não podemos escapar a esse destino. A quem nasce a morte é o destino final. Mas a morte pode nos ser um estímulo precioso. A certeza dela, sua inescapabilidade, nos colocam de antemão numa atitude de limite, na disponibilidade à renúncia. Primeiro, porque, se ela é certeza peremptória, jamais sabemos a hora em que chegará para cada um de nós. Sempre que perdemos um parente, um amigo, um conhecido, ao contemplarmos seu corpo inerte no velório, reconfirmamos que um dia certissimamente estaremos lá. Essa constatação se repete no dia a dia nas notícias da mídia ou quando passamos por um cemitério e lá está um agrupamento de pessoas a velar um morto.

Pensar na morte nos envolve em sentimentos morais importantes para a qualidade da vida. Se a morte é por excelência a castração total do ser humano, a convicção de sua chegada nos conduz ao desapego constante e contínuo de vaidades, invejas, ciúmes, luta de prestígio... Para que essa inflação egoica, esse imaginário hipertrofiado, se a realidade nua e crua é que temos um fim já acertado? É interessante como os políticos corruptos e corruptores, os ambiciosos deste mundo, os insaciáveis pela posse maior possível dos bens materiais, tentam abafar a consciência de que têm uma fatura a pagar e vivem do faz-de-conta. Deixarão tudo, absolutamente tudo. Construíram quiçá um império, terão talvez um túmulo-monumento, mas apodrecerão como todo e qualquer ser humano. A morte é o único judiciário que funciona: não há instância superior a recorrer, não há interposição de recurso nem possibilidade de corrupção ou prevaricação: sua sentença é rigorosamente justa e igual para todos. Todos passarão por ela conforme a maneira como viveram.

A consciência contínua desse nosso destino, nos coloca sempre numa atitude de humildade perante a vida e, sobretudo perante nossos semelhantes. O pensamento da morte nos possibilita viver em desapego contínuo de nós mesmos e dos bens materiais. Vivemos sempre com a ideia de que somos peregrinos neste mundo. Um simbolismo: ao deitarmos à natureza nossos cortes de cabelos e de unhas realizamos a liturgia do dia das cinzas: "lembra-te homem de que és pó e ao pó voltarás".

Esse despojamento interior nos proporciona uma boa qualidade de vida, pois nos qualifica e nos robustece para enfrentar as agruras, as doenças, as decepções, as frustrações inevitáveis da existência. "A morte levada a sério, é uma fonte de energia sem igual, estimula a ação e dá sentido à vida" (Dupas, G. p. 194).

Neste mesmo sentido afirmava Freud que a pulsão de morte é estímulo de pulsão da vida. Se a morte é certa, como faço para explorar meus talentos, como procedo para percorrer o arco da existência de maneira produtiva para mim e para meus contemporâneos? Como não me omitir na dádiva da vida? Que colaboração posso dar àqueles com quem convivo e a muitos que indiretamente posso estender minha contribuição?

No cristianismo encontramos uma dialética em que "*mors et vita conflixere*", "a morte e a vida conflitaram". A morte possibilitou a ressurreição: aqui também a morte gera outra vida.

A pulsão vige entre dois polos ou dois extremos: em cada ser humano sua dinâmica será sempre entre pulsão de vida e pulsão de morte.

De qualquer modo, a ideia, o conceito da morte é algo a ser comunicado às crianças desde cedo. No arco da vida ou na família ou nos parentes, vizinhos... sempre há alguém nascendo e outro morrendo. É a trama da vida sobre a terra. A criança entra no ciclo da vida, da existência com mais facilidade do que podemos pensar. Cheia que está de vida e não podendo alcançar a dor da perda e, sobretudo, as consequências dela, ela entra em contato com o morto e a morte com certa tranquilidade. Erram os pais ou adultos que a afastam do contato direto com essa realidade dura da existência. Quanto mais cedo os filhos participam da perda de um parente ou amigo, maior é a resiliência deles diante dessa inexorabilidade da vida. Sempre para nós viventes, são os outros que morrem. Além disso, fugimos imaginariamente deste destino certo, pensando que a morte está longe, temos saúde e temos tempo pela frente: pensar em morte por quê, se é a vida que me embala?

O paradoxo da morte gerando vida é algo que está na raiz da vida: um espermatozoide e um óvulo que, morrendo aos seus emissores, proporcionam a perpetuação da vida. A semente morre para gerar a vida.

A consciência da morte nos liberta. Livra-nos de muita miséria psíquica. A consciência da morte quando adquirida estritamente ligada ao real, permite a formação de um superego lúcido. Essa super-consciência acaba balizando nossa vida chamando-nos ao real e a ele nos rendendo nas mais diversas circunstâncias da existência. Diante dessa lembrança: ... "possibilidade absolutamente própria, incondicional, certa, e, como tal, indeterminada do sujeito"... "Do sujeito definido por sua historicidade" (Heidegger apud Lacan E. I. pag. 318), pouco fugimos para o imaginário, esse real nos dimensiona o tempo todo.

Esse superego benfazejo é fator de libertação e de liberdade psíquica. De libertação porque o sujeito se vê equipado de um instrumento demolidor do imaginário como identificação secundária, de um imaginário objetivante da subjetividade, de um imaginário competidor sempre às voltas por salvar seu próprio ego ou sua própria imagem, envolto numa estúpida, vã e destruidora luta de prestígio; a memória da morte opera a libertação de fúteis pretensões de amor próprio, de status, vaidades e busca de reconhecimento...

De liberdade psíquica... o pensamento da morte, da morte real, sem apelo e sem prazo, nos liberta o espírito porque vivemos em constante desapego diante das pequenas mortes, decepções inerentes aos dias de nosso existir. Freud já formulara: a felicidade é algo que resulta, não algo que se procure. A felicidade é fruto da castração, da renúncia... ou, como dizia Pessoa, da "estética da renúncia", quando faço de cada renúncia uma obra de arte.

Sócrates antes da cicuta: "O sábio, durante toda vida busca a morte e por isso a morte, para ele, não é terrível".

Enfim uma questão: a "ortoeutanásia". Partamos da ideia que morrer é um direito. É nosso destino inescapável? Não tentemos meios extraordinários para dele fugir: viveu a vida... doença terminal... doença irreversível, vida vegetativa... nada de cuidado extraordinário... UTI etc. Mesmo uma pneumonia... "Desliga o/a paciente dos viventes". É preciso lidar com a realidade, nada de sentimentalismos ou egoísmo. Respeitar o direito de morrer é também amor ao próximo. A morte encarada como libertação, como alívio para ele/a e para os seus. Ainda mais para aqueles ou aquelas que têm alguma fé na outra vida. "*Muero porque non muero*", dizia Teresa de Ávila.

## Crises

Sempre que falamos em crise da existência queremos designar um rito de passagem inevitável: seja do ponto de vista biológico ou subjetivo. Se falamos em idade assinalamos que é por "volta de", sendo que o verdadeiro momento dela ou o "ponto crítico", se perde no mito da existência de cada um. Nós não temos acesso direto a esses "marcadores", só os constatamos pelos sintomas que o sujeito apresenta, pois eles se "gravam" no inconsciente.

Crise é uma palavra bem apropriada para designar as três passagens da existência humana. Crise é o mesmo que cadinho, crisol. Crisol é recipiente, onde, por exemplo, se derrete o ouro que está misturado em ganga... ou define "operações químicas a temperaturas elevadas".

As três crises da existência humana, castração, puberdade, menopausa x andropausa podem ser figuradas por uma metáfora química: as três constituem um verdadeiro cadinho onde se derrete a fase anterior e funde-se lentamente uma nova existência no arco da passagem do ser humano pela terra. Nas três crises, "a temperaturas elevadas", alicerçam-se uma nova etapa e um novo crescimento. Toda sorte de acidente pode ocorrer nessas operações, mas, com certeza porque inevitáveis, são encruzilhadas estruturais do desenvolvimento e da maturação do sujeito humano. O dicionário Aurélio nos dá duas definições simbólicas de crisol que calham bem ao que ocorre nas três crises: "aquilo em que se apuram os sentimentos". "Apurar" é tornar "puro", é "tornar concentrado um caldo por ebulição demorada". Ora, essa definição é verdadeiramente uma metáfora do que ocorre nas três crises: os sentimentos, a sensação de viver "se apuram" em maturação humana, se transformam numa nova fase da existência. E isso sempre "num caldo de ebulição demorada" sobretudo na crise da puberdade.

Há uma outra metáfora significativa: "aquilo que serve para evidenciar as boas qualidades do indivíduo". Clinicamente falando, por infeliz, não podemos dizer isso de maneira geral, já que as duas crises, a da adolescência e a da menopausa-andropausa, dependem da primeira.

Contudo, quando a primeira crise "se apurou" de maneira bem ebulida, o resto segue. Aí podemos dizer que nas crises subsequentes vai ocorrer "aquilo que serve para evidenciar as boas qualidades do indivíduo".

Concluindo, do ponto de vista da psicanálise clínica, encaramos as três crises como "momento fecundo" onde se propiciam desenvolvimento, crescimento e maturação ao sujeito humano. Ou momento onde podem surgir ou ressurgir patologia. Três momentos de passagem, três marcadores que vão orientar o encaminhamento da vida na fase subsequente. Mas uma coisa é certa, não saímos os mesmos após a crise.

## Engravidar-se

A decisão de ter um filho é uma escolha de grandes consequências e ao mesmo tempo algo sublime. Maud Mannoni, psicanalista francesa, ao atender os pais de uma criança ou um adolescente invariavelmente investigava quais intenções tinham os pais quanto ao filho, mesmo antes de se conhecerem. É muito importante na anamnese escutar os conceitos e os preconceitos que habitavam ou habitam a mente de ambos. As pulsões do filho não poderão fugir a moldes que guiam a cabeça dos pais na concepção e condução da educação.

Consideremos primeiro que gravidez é vida e vida é surpresa. Nem sempre um filho é fruto de um plano amadurecido do casal. A biologia tem seus caminhos. No caso de uma gravidez não desejada as coisas podem se complicar. De um lado surgem as questões morais: uma nova vida, um novo ser humano e do outro, as providências para recebê-lo, gestá-lo, dar-lo à luz e ampará-lo em seu desamparo total. Momento moral e psiquicamente difícil. As resoluções a serem tomadas dependem sobretudo da formação espiritual, filosófica e cultural dos pais. Diria, numa palavra, teriam sobretudo a mulher, mas também o companheiro, amor suficiente para se propor a dar conta da existência desse ser que ambos fizeram?

Sempre é muito ruim generalizar. Cada caso, numa hora dessas, merece a atenção de que precisa. Quando o casal vive em respeito e estabilidade conjugal e o engravidar-se é algo escolhido, é fruto de um desejo esclarecido, tudo se torna mais fácil inclusive as renúncias que as dependências de um filho exigem. A cada momento o pacto de casal e a opção consciente por um filho, sustentam todas as dificuldades.

Ter um/a filho/a é uma ideia grandiosa: trazer ao mundo um ser humano que venha ocupar o seu lugar na marcha da humanidade. Educá-lo/a para que conscientemente ocupe esse lugar para propiciar avanços à civilização.

Durante a gravidez, o relacionamento dos pais, mas sobretudo da mãe com o nenê é de muita importância. A partir do quarto mês de gravidez o cérebro já está formado: 80 bilhões de células nervosas. Embora não fale, ele recebe as mensagens da mãe. Importa conversar com ele. Confortá-lo, acalmá-lo em momentos de agitação, desejar-lhe as boas-vindas.

Aqui a vida moderna nos coloca diante de uma interrogação: como será a mente, o sentimento de uma criança gestada em mãe de barriga de aluguel? Que sensações, que interações com essa "mãe" marcarão a criança para o resto da vida? Os pais verdadeiros serão estranhos a ela? Que traços epigênicos serão acrescentados à criança além dos de origem? Tarefa para a psicanálise de amanhã.

É durante a gravidez que o "código" telepático entre mãe e filho erige sua planta básica. E essa comunicação de mente a mente não cessará jamais. Quando ela chega há uma "certeza" e o coração não deixa de vibrar. "Ah! Eu estava pensando nisso e você toca no assunto". Mente de mãe chega ser perigosa: é preciso limpar o imaginário, é necessário interromper uma fantasia, uma preocupação a respeito do filho senão a mensagem chega lá. Mas de outro lado a mãe pode comunicar avanços, superações a seu filho. Psicóloga, com o filho de um ano e três meses, insistindo no ideal de alimentá-lo em seus seios, resistia às orientações do pediatra e de mães experientes. Numa sessão de análise dá o passo em sua mente e em seu desejo: "não devo mais continuar". No dia seguinte ao querer dar a mamada de despedida, o nenê repeliu o seio.

Outra mãe professora de educação física em plena aula de natação o nenê se agita demasiadamente em seu útero. Ela se afasta, senta-se: "meu filhinho, tenha paciência, a mamãe precisa dar aula. Logo mais estaremos em casa". O nenê se acalmou imediatamente e ela pôde terminar a aula.

A felicidade de criar um/a filho/a com pulsão bem ordenada é de muita alegria e de profunda satisfação. Que felicidade ver o/a filho/a crescendo dia a dia, conquistando a cultura e sua independência. O sorriso, as primeiras palavras, as primeiras frases, o carinho... ah! é tudo muito realizante!

Neste mundo de imagem, melhor de imagofagia, ultrassom se torna uma curiosidade nem sempre sadia sobre o desenvolvimento fetal da criança. Chega-se a exageros pouco inteligentes: um casal de médicos, no terceiro mês da gravidez de seu novo filho, chamaram o filho de três anos e, mostrando várias imagens do ultrassom: "Filho, olha aqui seu irmãozinho". A criança olhou, não entendeu nada, saiu correndo e foi procurar seus brinquedos.

Essa curiosidade despertada sobretudo nas mães cria uma ansiedade crescente durante os nove meses, ansiedade nada sadia na relação mãe x nascituro. Essa busca por informações constantes atrapalha em muito a formação dos sentimentos maternais para com a criança. Concepção e parto são experiências únicas, subjetivas. É importante ir assimilando essas experiências para as subjetivar e não vivê-las mecanicamente. Muito menos "medicalmente". Por que perturbar a criança na sua lenta formação biológica? Infinitamente melhor é desenvolver sentimentos de acolhimento, de respeito e de carinho de mãe, ainda mais, as primíparas. A/o obstetra não deve explorar esse lado técnico. Guarde-o para si e seu diagnóstico.

Ao contrário, desenvolver na mãe sensibilidade para as diversas fases da gestação, despertar nela sentimentos de acolhida à criança. Guardar sempre: a palavra da médica ou do médico tem força performativa. A dependência da grávida ou parturiente é inteira. Trata-se de uma gestação e de um parto cuja humanização depende de quem assiste à mãe. É admirável nesse mundo de imagofagia que haja pais que durante a gravidez não querem saber se é mulher ou homem. Seria total respeito à criança? À sua privacidade?

Cabe aqui uma observação sobre a inseminação *in vitro*. Sob certos aspectos ela é moral senão eticamente complicada. Que fazer com os embriões não usados? Psiquicamente falando essa prática de inseminação não é tranquila. A criança que está em casa tem um irmãozinho ou uma irmãzinha no congelador. Como fica para os pais? O embrião ou embriões *in vitro*, que solução lhes dar? Doá-los à adoção? Um casal gerou quatro embriões: dois foram implantados e os outros dois, num gesto de extrema frieza, um dar de ombros, foram destinados à pesquisa. Confesso meu sofrimento moral, não consegui mais atender o casal, que me consultava sobre os irmãos já com cinco anos. Pensei em Joseph Mengele. Além disso, essa prática supõe uma transparência médica rigorosa uma vez que toda a manipulação é feita fora do controle do casal. Ela supõe um médico e/ou um biólogo rigorosamente éticos. Uma das soluções seria implantar todos os embriões ao mesmo tempo e "deixar" a natureza se "responsabilizar" por eles. Essa prática fez uma mãe italiana arcar com seis bebês em seu útero. É difícil contemplar os filhos andando pela casa e pensar nos outros "filhos" congelados a -75 graus.

## Adoção

Por múltiplas razões um casal pode chegar à decisão de adotar uma ou mais crianças. Esterilidade, recusa de se engravidar, recusa de a mulher e mesmo o homem se submeterem a tratamentos médicos sofisticados... E até por opção de amor ao próximo amparando crianças que não têm quem vele por elas. Exemplo dessa situação foram as cento e trinta mil crianças que de um dia para outro ficaram sem pai e mãe, ambos perecidos na covid.

Seja como for o casal, ou mesmo uma mulher, como se trata da sobrevivência ou do futuro de seres humanos, precisam tomar uma resolução firme e consciente a partir de um desejo bem esclarecido. Trata-se de um gesto humanamente solidário de graves consequências. Aqui o amor verdadeiro, o ágape, o amor pelo outro, incondicional, sem espera de retorno, precisa tudo pautar, diariamente. Claro que esta regra tem que valer para a parentalidade própria, mas na adoção ela tem um peso maior.

Aqui também é preciso deixar de lado sentimentalismos. É fundamental a intuição do casal, mas essencialmente a da "mãe" nos primeiros contatos com a criança: é um mistério... uma misteriosa "química", coisas da alma, da alma feminina. Uma coisa é certa: a adoção tem sempre um duplo sentido, a satisfação, a alegria da generosidade do próprio gesto e o senso profundo de partilhar a Humanidade. A solidariedade humana.

Muitas adoções vão muito bem, evoluem bem. Outras nem tanto. Mas mesmo com filhos próprios nem sempre as coisas andam. Hoje levamos em conta a carga genética e sobretudo a epigenética. É no aparecimento de certos sintomas que o amor da adoção é posto à prova. Felizmente ninguém precisa ser vítima dos traços epigenéticos. Eles podem ser superados.

As crianças adotadas tem que ser encaradas e conduzidas com firmeza de pais convictos e responsáveis pela opção. É preciso eliminar sentimentalismos, dó ou culpa. Nada de exceção ou leniência. Honrar continuamente o pacto da adoção[6].

---

[6] Mulheres e homens cada vez mais adotam não filhos, e, sim, cachorro, gato e outros bichos... É uma opção. Mantêm uma relação com o bicho "como se fosse" filha ou filho. Convivem na mesa, na cama, em viagem... E quando os animais envelhecem 10-15 anos, e morrem, choram e têm dificuldade de fazer o luto. Mistério humano... Que "planta básica" leva esses sujeitos a se individualizarem na identificação com esses animais? Isso será estritamente pessoal... Mas é um mistério, sobretudo diante de tanta criança abandonada ou carente como ocorreu drasticamente com a Covid 19. Do outro lado nada impede de adotar uma criança e um bicho ao mesmo tempo.

## Parto

O parto é um momento especial para toda fêmea da natureza. Mas nada iguala a consciência que a mulher tem dele. Durante nove meses tudo foi preparado para esse momento. É um momento de tensão e de grande emoção. Só a mulher pode passar por isso. Importa que ela viva a experiência subjetiva incorporando-a passo a passo no seu projeto de ser mãe.

A palavra da parteira, da doula ou do/a médico/a passa tranquilidade para a mãe em processo de parto, sobretudo para primíparas. São elas e eles que asseguram à mãe os passos que fazem parte do parto.

Cesárea? Via baixo? A medicina no Brasil é campeã em cesáreas. A mãe deve firmar com o esposo uma resolução tranquila dessas duas alternativas. Nesse mundo de imediatismos e comodismos, a cesárea sempre surge como opção chamativa. Mas a mãe, para um parto consciente, precisa escolher. Ela vai para o parto com convicção fechada. E isso ajuda muito.

De qualquer modo é fundamental que a palavra da obstetra ou do obstetra conforte a mãe e lhe transmita que pode confiar nela ou nele na hora de dar à luz. O drama, o escândalo pouco ajudam nesse momento em que a mulher executa o desejo de ser mãe. É preciso que a mulher confie nela que ela tenha certeza que dará conta de seu desejo. Escândalo, gritos histéricos em nada ajudam a fisiologia da expulsão. Ao contrário, a concentração da energia no trabalho de parto torna o trabalho suportável e o facilita.

A cesárea seria uma interrupção no processo natural de concepção, gestação e expulsão da criança? A mãe entrega ao/à médico/a a execução da passagem ao mundo dos viventes? Ou seja: a mãe concebe, a mãe gesta e a mãe acaba terceirizando o parto?

Penso que ainda é preciso fazer um estudo sobre se há diferença entre crianças nascidas por cesárea ou via baixa. Crianças que nascem

---

Face a uma inadequação radical para a paternidade ou a maternidade, melhor seja que "adotem" cães e gatos... Triste sob outro ângulo, por não dar continuidade à humanidade, por cessar a linhagem humana nem sucessão nem legado.

É uma questão subjetiva... Sem dúvida, mas por se tratar do humano não deixa de ser uma questão moral, social e até humanitária.

por cesáreas são mais exigentes, menos resilientes, mais imediatistas que crianças nascidas no esforço e no ritmo da expulsão? Isso teria consequências para a vida delas? Para a maneira de encarar a existência?

Enfim o parto é um evento solene na humanidade: um novo ser humano entra para a comunidade. A família que o gerou, a família humana prossegue na sua caminhada trazendo à existência um novo ser que garante sua continuidade na Terra. Um ato grandioso!

## Um dia do nenê

O ritmo circadiano quando respeitado propicia ao nenê ou à criança um rápido equilíbrio físico e mental. Ele deixa a indeterminação temporal do útero e passa a se conformar com o ritmo da natureza.

Pelo oitavo mês de gravidez a criança descansa ou dorme 22 horas e movimenta-se duas horas durante as 24 horas do dia. Ela precisa poupar energia para crescer e vir para fora. Ao nascer ela necessita ser introduzida no ritmo nictêmero, ou seja, ela precisa se adaptar à noite e ao dia. E ela o faz tanto mais rápido quanto a mente da mãe e do pai passarem para ela a ordenação desse circuito. É importante que sobretudo a mãe, já a partir da primeira noite em casa passe mensagem telepática a ela que dormir é uma função fisiológica do organismo e, mais ainda, que dormir é uma das delícias da vida e que ela pode se entregar ao sono. Enfim que o organismo dela não precisa do pai e da mãe para essa função e outras para as quais seu organismo já nasce pronto.

Se a criança estiver bem de peso quanto mais cedo eliminar a mamada após meia-noite, mais saudável para ela e sobretudo para a mãe.

Tenho um cuidado especial em preservar a mãe. Mãe boa para a criança é mãe descansada, sem sono atrasado. Essa disponibilidade da mãe passa à criança uma sensação de bem-estar, ela percebe que a mãe cuida dela com serenidade e de verdade. Mãe impaciente, irritada, sonada desestabiliza a criança no acerto do ritmo de vida. A mãe estressada passa cortisol ao lactante e ele por sua vez fica desestabilizado.

A última mamada seria por volta das 23 horas. Luz apagada, só trocar fralda se houver cocô, sem falar com o nenê, dá-lhe de mamar, no primeiro mês 20 minutos e após o primeiro mês 10 ou 12 minutos em cada mama, levanta-o para o arroto, um beijo e de volta ao berço.

Ele aprenderá rapidamente fazer tudo isso sem se acordar. Quando muito uma palavra de afago no ouvido dele, preferivelmente uma mensagem ordenadora.

Se o nenê estiver bem de peso a mamada da madrugada, isto é, a primeira após a mamada das 23 ou 23:30hs poderá ser dispensada para grande benefício do sono dele e mais ainda do repouso da mãe. Três em três horas ou quatro em quatro é cronológico. Se o nenê estiver dormindo no prazo cronológico que a mãe dê preferência ao sono do nenê. Sinal que o organismo dele precisa mais do dormir a fim de poupar energia para o crescimento, do que de se alimentar. A partir dessa mamada deslocada conta-se o novo horário. Não é saudável acordar o nenê para mamar. O ritmo biológico de cada nenê é determinado pelo organismo dele. E isso a partir da primeira noite em casa. Sobretudo que a mãe está exausta pelas tensões psíquicas e pelos esforços do trabalho do parto.

Dentro de um mês, com esses cuidados por parte dos pais, especialmente da mãe, o nenê com saúde, acordará por volta 5:00 e 6:00hs. Ele, descansado, e, mais ainda, a mãe. Esse acordar será alegre... A criança acorda soltando a voz, mais tarde "conversando"... Primeiro abrir as janelas para ele entrar no ritmo circadiano e, segundo, o carinho do "bom dia" e dos cuidados necessários. A voz da mãe e... a do pai serão marcadores de acolhimento, de reconhecimento, de amor, de ternura... A criança se acalma na palavra que a estabiliza.

De novo de 10 ou 12 minutos em cada seio, o arroto e o carrinho o abrigará, para tomar sol, para o passeio matutino e para o soninho das 9:00 horas.

Na hora do "almoço" entre 11:00 e 12:00hs, fecha-se a janela do quarto, o mamá é dado nessa penumbra, arroto e berço. O nenê deverá dormir nessa hora da canícula o quanto seu organismo pedir. Esse hábito do sono do meio-dia deverá ser prolongado até os cinco anos ou o mais possível, sobretudo neste mundo de tanta agitação. Esse costume resulta numa criança calma, alegre, pois, sistema nervoso repousado, tudo segue: o comer, mais tarde o brincar, o "dever" escolar... o bom humor! Vale aqui minha longa experiência clínica: "para dormir bem é preciso dormir".

Dormir é atividade prioritária para a saúde do ser humano. Em média de zero a três meses o nenê precisa dormir de catorze a dezessete horas, de quatro a onze meses necessita de doze a quinze horas de sono, de um a dois anos, onze a catorze horas, de três a cinco anos, dez a treze horas, de seis a treze, de nove a onze horas, de catorze a dezessete, de oito a dez horas. Sempre privilegiar o dormir. Exemplo: a criança foi a um aniversário, não dormiu ao meio-dia. Chega em casa às dezoito horas dormindo: simplesmente a colocar na cama. O jantar é secundário. Se acordar com fome depois de horas de sono, um leite e dormir de novo.

Por volta das 15:00 horas outra mamada e de novo no carrinho. Um passeio, de novo um soninho. Chegamos entre 18:00 e 19:00 horas. Banho: o corpinho mergulhado na água da banheira reconstitui para a criança o aconchego, a calma e a tranquilidade do líquido amniótico. É um reencontro com as sensações mais primitivas de envolvimento e segurança. Os pais devem recorrer a esse expediente do banho sempre que a criança estiver envolvida em agitações de brinquedos, aniversários, ambiente adulto de conversas e barulho... Enxugada e vestida adequadamente para o clima do momento, quarto escuro, a mãe lhe ofertará em ambiente tranquilo a penúltima mamada. Arrotada, um beijo e a acomodação no berço ou na cama. Sempre que deve dar o passo de uma nova autonomia, na hora de pôr no berço, por exemplo: "Pedro, você vai dormir gostoso até amanhã cedo. Não precisa acordar nem chamar a mamãe ou o papai durante a noite". O recado depositado ao ouvido da criança na hora de a reclinar no berço será elaborada pelo cérebro dela durante o período do sono e a mensagem passará a governá-la no passo a ser dado.

Valha essa prática para as passagens ulteriores: falar, desfraldar, escola...

E assim percorremos um dia da criança caminhando para a autonomia relativa ao ritmo da idade cronológica. Essa exposição de um dia da criança se baseia no respeito e no direito de ser criança. Além disso, com inúmeras crianças constatei que clinicamente o esquema funciona.

## Mamar

Dar de mamar é um gesto de profunda doação para a mãe e de profundo reencontro com ela. Uma experiência que ultrapassa em muito a alimentação. Uma plenitude cheia de mistérios e encantos. A doação de si e a recepção inundante. Aqueles seios que emergiram na puberdade, enfim, túrgidos, em sua finalidade precípua. O corpo da mãe e o corpo da criança em troca abundante.

Tirada da alimentação via placenta, o seio é o primeiro encontro com a mãe. Reconforto apaziguante: ... "esta satisfação surge com os sinais da maior plenitude que o desejo humano possa encontrar por pouco que se considere a criança ligada à mama" (J. Lacan, F. 30).

"Sinais de maior plenitude": satisfação biológica e encontro do humano. A imagem do humano se fixa e transcorre especificamente no rosto humano. Mãe e filho se constituem através do olhar, olhar que permite ao filho o reconhecimento de que ele é. É aquele/a que o pai constitui graças à sua função ordenadora da relação terciária. Mãe e filho se constituindo em suas entidades e subjetividades na cadência das mamadas e das trocas. "O ser que absorve é todo absorvido e o complexo arcaico responde-lhe no amplexo maternal (id.ib. 30).

A criança está *in totum* mergulhada nas intenções e tratos da mãe. "Na aleitação, no amplexo e contemplação da criança, a mãe recebe e satisfaz ao mesmo tempo o mais primitivo de todos os desejos" (id.ib. 31/2). Esta imago se fixa num significante poderoso: "a imago do seio materno domina toda vida do homem" (id.ib. 30). Imago é a imagem primeira que é registrada no inconsciente. Impagável modelo. Marco.

Por aí em diante cada ser humano vai se constituindo como único. Os sentimentos que aí brotam são "os sentimentos mais arcaicos e mais estáveis que unem o indivíduo à família"... Este complexo do aleitamento é o complexo mais primitivo do desenvolvimento psíquico, aquele com o qual todos complexos ulteriores se compõem" (id.ib. 27). Embora a criança não fale que registros vão se gravando em seu cérebro? Evocados posteriormente por imagens semelhantes, chegarão à consciência como forma de prazer, de saciação, de angústia, apelo por amparo ou desamparo, impaciência, impertinência, cansaço ou desafeto... sedução ou rejeição?

Mas esse complexo tem que ser "liquidado" (id.ib. 33). Mãe e filho não podem fugir ao imperativo de se castrarem. A mãe, pela segunda vez, precisa cortar-se de seu filho, condição sem a qual patologias nele aflorarão inapelavelmente.

Enfim uma observação clínica de R. Spitz e J. Bowlby. Eles cuidaram de crianças em creche cujos pais pereceram na segunda guerra mundial, e atestam uma observação clínica curiosa: as crianças internadas, sob cuidados de enfermeiras ou babás, não têm cólicas. Seriam as cólicas sintoma da ansiedade das mães? Cria-se um círculo vicioso: quanto mais as mães se agitam ou se preocupam com cólicas de seus filhos mais as alimentam e mais eles respondem aos anseios maternos. Se cólicas acontecem elas são pertinentes à fisiologia da criança como à fisiologia da mulher pertencem as cólicas menstruais. Por que fazer delas problemas ou "doenças"?

Quando as mães interpretam o choro da criança como devido a cólicas, quando elas se afligem e as nomeiam, a criança tenderá a prolongá-las, às vezes por meses. Já no aleitamento a mãe passa a preocupação para a criança e esta a executará.

Aqui como em tudo, a criança está anatômica e fisiologicamente equipada para a alimentação e a digestão. É importante deixar por conta dela a absorção da alimentação. Nada de se pré-ocupar. Pura ansiedade da mãe. Sem a ansiedade da mãe, a criança dará conta.

## Mamada livre

Pratica a ser evitada: mamada livre. Primeiro, o método americano da "*self demand*", "mamada livre", por várias razões é pernicioso para a mãe e para a criança. Para a mãe é simplesmente exaustivo entregar os seios a um chupeteio desgovernado e absolutamente desnecessário. Os seios deixam de ser um prazer para ela e para a criança e se tornam puro objeto de gozo para a criança, vício de uma satisfação que nada tem a ver com a satisfação da fome. É uma escravização da mãe e vício da criança.

Segundo, psiquicamente, essa prática é muito prejudicial para a criança. Ela é iludida com esse recurso externo, é aliciada a "resolver" seus incômodos ou frustrações pelo gozo da boca, é enganada por uma fixação imaginária perigosa. Dificilmente ela deixará de ser obesa. A fixação de uma zona erógena na mucosa bucal institui um objeto-a dominante: "eu não resisto, sei que não preciso comer, mas tenho um impulso irresistível de "entuchar" comida, sobretudo doce, goela abaixo", me dizia uma paciente com 50 quilos de sobrepeso.

Em terceiro lugar essa prática fixa no imaginário da criança um álibi perigoso: a fuga de enfrentar os problemas e a descrença de sozinha dar conta deles. A existência humana é verdadeiramente dura. Com essa prática a mãe ilude a criança como se fosse portadora de uma onipotência para resolver todos os incômodos ou frustrações dela mediante a satisfação da boca. Ao contrário, estando o filho em boa saúde, desde cedo é preciso passar para ele a confiança de que ele é capaz de ir vencendo as etapas da vida. A resiliência é condição de vida sadia e equilibrada. E as crianças assim viciadas não têm resiliência alguma: de tudo reclamam, choronas, tornam-se impertinentes, "encrencam" diante do menor obstáculo. A *self-demand* desestabiliza mãe e filho. É um tormento.

Enfim, nem as fêmeas da natureza permitem a *self-demand*: a vaca zebu repele o filhote que insiste em mamar continuamente; mesmo a porca deita com as tetas sobre a terra para não permitir o chupeteio. Além de prejudicar o nenê, esse hábito exaure a mãe e ela passa a ser indisponível por causa deste hábito de dar de mamar, o que "encrenca" tudo. Adrenalina e cortisol vão goela abaixo do nenê. Aquilo que seria um prazer para ambos vira cansaço e incômodo e vício do nenê.

Em vez do chupeteio, é importante fornecer à criança a chupeta e o "paninho" que será lavado regularmente com o mesmo sabão. O psicanalista inglês Winnicott chamou esses dispositivos "objetos intermediários". "Intermediários" entre a criança e a mãe, intermediários porque intermedeiam o corte necessário da castração do desmame.

Ao manipulá-los a criança fará o corte necessário da mãe com mais tranquilidade. Mamilo e corpo da mãe **simbolicamente** (castração) em suas mãos. Ambos propiciam um início de sono apaziguante e seguro.

Quanto à objeção de que a chupeta prejudica a dentição é coisa do passado. Jamais tive um caso com esse problema. Além do mais as chupetas atuais são anatômicas. Enfim, é preciso dizer que a chupeta não deve ser untada com mel ou outra guloseima, sendo que esses sim, favorecem a cárie e induzem o vício do açúcar.

A mãe exausta e escrava da "mamada livre" implantará no cérebro tenro de seu nenê uma matriz que, mais tarde, quando suas tetas estiverem secas, será ativada frente aos menores obstáculos à procura de novos mamilos no cardápio abundante de todo tipo de droga.

## Múltipla escolha

Outra parvoíce: colocar diante da criança de um ano e meio ou dois o prato com várias verduras ou diversas comidas ou mais de uma sobremesa, variadas frutas, por exemplo. Oferecer a criança sem lhe dar garfo ou colher. Em nossa cultura quem assim come é, por exemplo, o esquilo, o macaco, o sagui... Isto é feito pelo falso raciocínio de que a criança precisa aprender "escolher" o de que ela gosta. Os pais que assim agem não se dão conta que estão impondo essa escolha para os seus filhos.

Evidentemente uma criança nessa idade não sabe escolher. É preciso que aprenda escolher aquilo que seus pais lhe escolhem para poder, por sua vez, escolher. A escolha não é só questão de visualização do alimento ou mesmo do sabor. Escolha supõe domínio da linguagem para poder caracterizar o alimento ou o sabor dele. O sabor é um "saber" que é próprio ao sujeito. Quanto mais sabores são propiciados à criança mais feliz será ela quando adulta em matéria de alimentação, comerá de tudo.

Sabor e saber são da mesma raiz, de mesmo entendimento: "esse tempero sabe ao tempero francês". A fixação de um sabor é a mesma coisa que a fixação de um saber. Ela depende do tempo do sujeito e isso escapa aos pais. Assim é bobagem se preocupar ou ocupar com a formação do gosto da criança. Pais, por exemplo, que apreciam o jiló com certeza compartilharão com o filho o apreço e o gosto deles pelo jiló. Nas primeiras ofertas, ele poderá até cuspir, mas em dias estará apreciando o legume também.

Não tem cabimento em nossa cultura deixar a criança comer sem garfo ou colher e, mais tarde, sem faca. Cria-se um sofrimento, uma encrenca a mais na alimentação, completamente extemporânea. Nossos filhos precisam ser inseridos na cultura real e não em imaginário mirabolante.

As questões de educação em matéria de alimentação, sono, evacuação, micção, higiene bucal ou corporal precisam ser postas em prática sem *nhemnhem*, sem muita explicação... sem encrenca.

Essa preocupação de oferecer verduras, frutas ou comidas aos impulsos da criança, sobre ser inútil é perversa e angustiante para ela. A criança precisa da segurança da mãe ou do pai. Sozinha ela não sabe como aviar a pulsão.

Enfim, se em nossa cultura não se come com a mão por que causar mais um sofrimento para a criança se em qualquer lugar ela tem que se desabituar de tal transgressão?

É subestimar a criança, é não acreditar nela "imaginar" que não formará "sabor e gosto" por alimentos simplesmente comendo a comida diária que os pais têm para lhe oferecer.

Na oferta da alimentação é fundamental que os pais perseverem apresentando a comida habitual deles. A alimentação da criança "encrenca", torna-se problemática quando os pais "carimbam" a reação da criança ao experimentar o alimento: "Ah ele não gosta de abacaxi"; "ah ela detesta arroz doce". A criança "compra" a etiqueta e faz dela um instrumento de oposição aos pais. Para prejuízo e sofrimento dela.

As diversas passagens na alimentação e sobretudo a alimentação até cinco anos são fundamentais para a saúde física do adulto de amanhã. Doenças como obesidade, diabete tardia em geral estão diretamente ligadas a esse período da existência. É muito importante que os pais se guiem por uma puericultura segura do pediatra. Pensem os pais que guloseimas, doces, balas são perfeitamente dispensáveis como alimento diário. Sobretudo não valorizar o açúcar, essa alimentação complicadora da saúde futura.

Não posso deixar esse subcapítulo sem uma palavra a respeito de pediatra. A meu ver trata-se do/a clínico/a geral mais importante para a saúde do ser humano. Ao/à pediatra compete a preservação da saúde da criança (alimentação, hábitos sadios, doenças, vacinas...) e a qualidade de vida do adulto depende de como ele/ela cuidou da primeira e segunda infância. Além disso, o/a pediatra é o porto seguro sobretudo da primípara. A pediatria é uma especialização da medicina de valor inestimável para a saúde da humanidade. Seria mais que desejável que o/a pediatra tenha consciência aguda da responsabilidade desse exercício da medicina. Enquanto examina essa criança e orienta os pais nos cuidados com ela, que ele pense que a qualidade de saúde e de vida do/a adulto/a de amanhã dependem de sua intervenção médica hoje.

Aos poucos o/a pediatra vai se desligando da transferência direta com a mãe-pai e solidificando a transferência com a criança. Clínico geral, isso permite um relacionamento médico que pode se estender proficuamente até o fim da puberdade. Dedicado/a ao estudo do desenvolvimento da criança ou do/a adolescente, será um/a conselheiro/a, um apoio nas intercorrências, nas dúvidas e nas escolhas. Será uma âncora, uma referência para o enfrentamento dos vinte primeiros anos da existência. Garantia da construção de uma humanidade solidária.

Que a/o pediatra cada vez mais tenha consciência da grandeza de sua missão médica e... educativa.

## Desmamar

Em 1930 no Mal-Estar da Cultura Freud retoma o que escreveu em 1900 na "Interpretação dos Sonhos": "Nada na vida psíquica pode se perder, nada do que se formou pode se perder, tudo se conserva de uma maneira ou de outra e pode reaparecer em certas circunstâncias favoráveis, por exemplo, no curso de uma repressão suficiente"... "No que concerne a vida psíquica a conservação do passado é antes regra que estranha exceção" (p. 11 e 15). Como é séria, como é grave nossa responsabilidade de pais e educadores.

O inconsciente que registra passo a passo de nossa existência, é "uma memória que não esquece e nem se apaga". Lacan explicita a mesma ideia: "nada daquilo pelo qual passamos na vida escapa ao registro do inconsciente". Só que esse registro se efetua sem termos noção de como isso se passa. Freud chama isso "processo primário". Contudo, esse registro em nosso cérebro é nossa verdade por excelência. É nossa aletheia, o histórico de nossa existência. É esse registro de minha verdade que procuro descobrir numa psicanálise. Ele me aparece nas manifestações do inconsciente, essencialmente no sonho, nos atos falhos, nos esquecimentos, nos chistes, nas falhas do discurso, nas denegações...

É isso que leva Freud afirmar no Mal-Estar da Cultura: "a grande diversidade que apresentam os seres e as almas" (p. 1). E Lacan na sequência: "Cada ser humano é um mistério" (Meu ensino).

Isto dito, podemos deduzir a importância fundamental da interferência da mãe, do pai, da família, do ambiente... Ainda mais que "o homem é um animal de nascimento prematuro... uma criança de total impotência vital que dura para além dos dois primeiros anos" (J. Lacan, F. 31).

Diante dessa fragilidade estrutural a função da mãe e a função do pai são de extrema importância para o futuro do nenê. Partamos sempre da ideia de que essas funções se destinam a ser inúteis na medida em que a criança se desenvolve.

É por isso que o corte ("castração") do desmame por volta do nono mês é determinante para o futuro da criança.

"Somente a imago que imprime no mais profundo do psiquismo o desmame congênito do homem pode explicar o poder, a riqueza, a duração do sentimento maternal" (id.ib. 32).

Continua Lacan: "A realização desta imago na consciência, assegura à mulher uma satisfação psíquica privilegiada, ao mesmo tempo que seus efeitos na conduta da mãe preservam a criança do abandono que lhe seria fatal" (id.ib. 32).

Contudo a conclusão decisiva para o futuro da criança: "o complexo de desmame, esta relação orgânica, explica que a imago da mãe esteja ligada às profundezas do psiquismo e que sua **sublimação** seja particularmente difícil como é manifesto no caso da "criança agarrada à saia da mãe" e, por vezes, na duração anacrônica desse vínculo" (id. ib. 32).

O passo para a socialização, a entrada na cultura, tem que ser proposto pelos pais com firmeza. "A imago deve ser sublimada porque novas relações se introduzem com o grupo social, porque novos complexos se integram ao psiquismo. Na medida em que a criança resiste a essas exigências que são as do progresso da personalidade, a imago, a princípio salutar, transforma-se num fator de morte" (id.ib. 32).

Ao desmame mal efetuado Lacan liga patologias sérias senão graves relacionadas à imaginária e ilusória satisfação primeva dos seios: "suicídios não violentos, anorexia, bulimia, sobrepeso, essa patologia dos tempos atuais, envenenamento via oral, toxicomanias, neuroses gástricas"... "A análise desses casos mostra que, no abandono à morte, o sujeito procura reencontrar a imago da mãe" (id.ib. 33). Todos os problemas relacionados a drogas, cigarros, bebidas, vícios da boca, têm origem num desmame mal sucedido ou traumático. A busca do gozo da boca é gozo o mais primitivo. Não é pois o gozo do alimento, é a procura de uma satisfação impossível porque é de ordem psíquica. De uma sedução primeva, por exemplo.

Mesmo a morte, o sepultamento são encarados como um retorno, ao seio da mãe como também ao seio da mãe-terra.

Verdade é que "mesmo sublimada, a imago do seio materno continua a desempenhar um papel psíquico importante" (id.ib. 33). O apego ou o regresso ao seio materno, "essa segurança" coloca "o psiquismo em ruínas sem proporção com o benefício prático desse regresso" (id.ib. 33).

Não há protocolo psicológico para um dar de mamar "ideal". Bom senso, acolhida, carinho, equilíbrio, sem "melação", ou pior, sedução. Mamar, comer são necessidades biológicas: é importante que a criança seja respeitada na experiência própria que lentamente irá construindo. Quando a mãe seduz a criança seja na aleitação, seja na papinha ou alimentação posterior, a criança ao se alimentar assim como criança, maior ou adulta será guiada pelo imaginário da mãe no qual ficou captada e não pelo gosto e saciação própria. Jamais interpretar as reações da criança diante da alimentação, emitindo um juízo de valor ou de apreciação da cabeça da mãe. É preciso respeitá-la no tempo que é dela. Jamais: "ela não gosta disso", "ela prefere aquilo". O papel, essencialmente da mãe, mas proveitosamente do pai, é simplesmente oferecer o alimento que foi preparado para aquele dia.

Com isso a criança cresce solta, gostosa, come de tudo, não tem manias alimentares, come o que se lhe oferece. E quando não tem o de que gostaria, está tudo bem do mesmo jeito.

O desmame é o protótipo de todas as renúncias que a vida exige. Fernando Pessoa falava da renúncia da "indiferença", da "abdicação", da "desistência", do "silêncio" não como fim em si, mas como condição de sublimação. É por isso, dizia ele, que devemos aprender (desde o desmame) a fazer "uma estética da renúncia". E ele constata a estética de sua linda e profícua existência para Portugal e para o mundo: "sou o intervalo entre o que eu desejo ser e os outros me fizeram".

Freud insiste decididamente sobre a mesma ideia em Mal - Estar da Cultura: "A sublimação das pulsões constitui um dos traços salientes do desenvolvimento cultural".

Mais uma vez, cada ser humano nasce com uma potência pulsional. A pulsão é neutra. Ela tem que se transformar em civilização. Desde tenra idade os pais têm que ensinar a criança a ser sujeito de suas pulsões, a renunciar a seus impulsos e a canalizá-los em cultura.

A energia humana (pulsão) nasce sem código, regida apenas pelo princípio do prazer, da satisfação. Ela precisa, ela tem que se transformar em cultura, isto é, sublimar-se.

E que os pais não se iludam, os cinco primeiros anos são absolutamente decisivos. Quando se constrói uma casa leva-se em conta sobretudo o fundamento. Que alicerce a sustentará? Os quartos, sala, cozinha, banheiros, telhado... tudo segue em conformidade com a planta básica. Se assim, a casa será sólida, resistirá a ventos e a tempestades.

Valha o paralelo. Os cinco primeiros anos da existência são os alicerces da construção da vida. Eles constituem a planta básica. A construção da existência seguirá os alicerces que os pais edificaram. Não à toa que a sabedoria popular ponteia: "Fulano teve berço". O homem de amanhã é a criança de hoje construída em sua subjetividade até os cinco anos, inclusive na aquisição de sua identidade sexual. Mesmo a loucura tem nesses primeiros anos a sua causa. Poderá vir em outra idade, sobretudo nas duas outras crises da existência mas é nos cinco primeiros anos que ela se implanta. A saúde de uma nação depende dos cuidados efetuados com a primeira infância.

Tanto a saúde física (alimentação, vacinas...) quanto à saúde mental.

Os cinco primeiros anos são decisivos para o ser humano. Os traços de caráter, os traços do amor, os traços de família, os traços sociais, os traços de responsabilidade, os traços de compromisso com o dever, os traços de disciplina, os traços da ordem, os traços da limpeza e da higiene, os traços da Lei têm na primeira infância sua planta básica. O resto segue ou é adorno. Desde que o suporte seja o exemplo dos pais. Coerência moral entre o que dizem, pregam, com o modo como agem.

É nos cinco primeiros anos que a criança aprende a cuidar de si e de seu corpo, de sua higiene e de seu asseio.

É nos cinco primeiros anos que a criança aprende: "o sim e o não", "o pode e o não pode", "o certo e o errado", "o bem e o mal", "o belo, o estético e o feio", "o bom e o mau", "o ferir e o sanar", "o doente e o são", "a vida e a morte", "a saúde e a doença", "macho e fêmea", "feminino e masculino", "pai e mãe",... Aprende o dever, a ordem, a disciplina no uso de suas roupas, de seus brinquedos e de suas coisas...

É aos cinco primeiros anos: "por favor", "obrigado", "desculpe", "dá licença"... "oi", "bom dia", "boa tarde", "boa noite"... "A civilidade é a primeira expressão de uma alma ordenada" (J. Coutinho). É por excelência quando aprende a respeitar o outro, os pais, os irmãos, os parentes, os professores, os amigos, os estranhos... Ainda por excelência: aprende a amar o próximo, a igualdade entre os seres humanos, a solidariedade, a compaixão e a ajuda mútua, a injustiça da desigualdade social, da fome, da miséria, do abandono... Saberá desde cedo a ter gratidão para quem a serve ou a ajuda. Terá consciência de que sem o outro nossa vida é inviável.

A mãe estava no supermercado com ele, dois anos e meio: - Mamãe, você compra "meu" chocolate? - Sim, filho! Na hora: "Mãe, posso levar um para meu pai? Claro, filho." Voltando para casa, no carro: "Mamãe, o papai vai gostar, você não acha? Certamente". Passa um tempo, ela: "E a mamãe?" - "Eu divido o meu com você"!

Far-se-á ciente do que constrói ou destrói a vida humana, a natureza, as matas, os animais, os rios, as plantas, os mares... Reciclar é mandamento incontornável: desde os tenros anos: lixeira reciclável, hábito formado. Às novas gerações a consciência aguda de salvar nosso habitat, preservar a "casa comum" da poluição.

A semeadura compete aos pais conscientes de sua dignidade de serem pais. E, um dia, em momento fecundo, as sementes brotarão. Com certeza. Pois as bases da formação da consciência estarão lançadas.

É nos cinco primeiros anos que pai e mãe transmitem a fé, a crença. No cristianismo a belíssima proposta de Jesus Cristo, que não é de religião, mas de propósito de amor ao próximo e engajamento na comunidade humana e de respeito à natureza, a fé se transmite pelo "ouvido"... "A certeza das coisas que não se veem". Aqui a mãe tem uma função fundamental.

Orar com uma criança imprima-lhe na alma uma dimensão altamente sublimatória. A fé, sem dúvida garante profundo sentido ao viver.

A vida, certamente não é só binária: as diferenças individuais ou subjetivas os verdes das matas, as cores das flores, a diversidade de raças e das espécies, a multiplicidade dos acidentes geográficos, a diversidade de educação, valores, ideias e costumes... a vida é múltipla e complexa, demasiadamente ampla para a abordarmos. A binaridade ou os apostos nos possibilitam uma leitura de partes de sua imensa riqueza e abundância, levando em conta o real de nossas limitações e abrangência. Contudo, o maniqueísmo, fanatismo ideológico ou paranoia religiosa são, com certeza, três leituras desastrosas da vida. Morte psíquica anunciada. Não conseguimos hoje, conseguiremos amanhã. Jamais "não consigo" e, sim, "não consigo ainda". É preciso absolutamente libertar nossos filhos dessas três pragas devastadoras do humano.

Enfim, temos tempo para ir educando os filhos. É preciso que os pais levem em conta que errar faz parte da fragilidade humana. Não podemos aprovar o malfeito, mesmo o erro ou a falha. Isto levaria a filha ou o filho a inclinar-se à prática da perversão. Nem rir da transgressão. Não se brinca com a Lei. Importa, porém, que desaprovemos ou condenemos o erro, jamais a pessoa. Não educamos quando humilhamos nossos filhos. Eles se magoam e o ressentimento os envenena, eles vivem derrota ou desamparo. Nada avança.

## Castração e sublimação

A criança se faz no útero da mãe. Nascida, respira pelos pulmões próprios, a fisiologia de seu corpinho passa à autonomia. Mas ela mesma está em desemparo total: em tudo depende da mãe ou de quem dela cuide. Em estado de "*Hilflosigkeit*", dizia Freud, em estado de "sem ajuda" total.

A criança é constituída por uma carga genética da mãe e outra do pai. Seu DNA se estrutura com contribuição de 50% de cada genitor. Além disso, epigeneticamente seus genes ou alguns deles apresentam "marcadores" que são "selos", "carimbos" de traços peculiares ao pai ou à mãe, ou a antepassados. Esses marcadores hoje os levamos muito em conta pois caracterizam comportamentos, identificações, distintivos que aparecem em geral na terceira geração. Uns são curiosos outros trazem sofrimento. O avô já tinha falecido há muito tempo quando ele nasceu. Na medida em que foi crescendo já pelo quarto ou quinto ano esfregava uma mão na outra com muita satisfação quando alcançava uma vitória ou recebia uma boa notícia. Gesto idêntico fazia o avô em circunstâncias semelhantes.

Na família do pai havia um problema de tique: piscar o olho nas mais diversas circunstâncias. O filho mais velho, sobretudo no período da primeira crise, diante de circunstâncias que o urgiam passava a piscar o olho, hábito que o fez sofrer. O pai, quando criança passou por uma invasão autoritária da mãe forçando-o a tomar leite. O leite, o cheiro e o gosto dele passaram a lhe dar repugnância e impulsos de vomitar. O filho dele muito bem alimentado no seio materno ao passar à mamadeira rejeitou o leite e cresceu rejeitando para o resto da vida. Importante: os traços epigenéticos tem uma grande vantagem, o sujeito não precisa ser vítima deles. Eles podem ser revertidos para a liberdade do sujeito.

Em casos de crianças adotadas a epigenia aparece de maneira escancarada. Criada em ambiente confortável não raro a criança apresenta certa conduta que nada tem a ver com os hábitos da família que a adotou. Assim, Josefina que teve chance de uma educação refinada, adulta, juntou-se com um companheiro de outro nível social e foi viver em moradia mínima com desleixo na arrumação da casa e no vestuário. Passou a ter hábito de beber e fumar.

Paulinho, sempre com muita dificuldade de trocas afetivas e de convivência social, narcíseo, mal contrariado sempre partia para a agressão. Conduta totalmente alheia a maneira como os pais adotivos o educaram.

A pulsão virá determinada pelo condicionamento genético e pelo ambiente: todos e tudo em volta à criança, essencialmente a linguagem. A fala é o fator humanizante por excelência. É ela que tira a criança à natureza e a implanta na ordem da cultura. Tendo em vista a estrutura da pulsão, energia em si indeterminada, energia neutra, energia plástica, moldável, energia livre à procura de satisfação, Freud deduziu que ela necessita absolutamente de ser canalizada, isto é, ser encaminhada em ordem à civilização. Então o mecanismo que rege o aviamento da pulsão, Freud o chamou repressão. Ousou afirmar: "a civilização é fruto repressão".

Repressão: a energia humana não pode ficar solta, tem que ser reprimida para o portador dela ser inserido na cultura. No animal, o instinto garante o sempre mesmo encaminhamento da energia dentro da espécie, no ser humano tudo tem que começar de novo a partir, essencialmente, da mãe e do pai. A energia do humano é a única energia dos seres viventes que pode se transformar em civilização.

Freud escreve em Mal - Estar da Cultura: "A sublimação das pulsões constitui um dos traços mais salientes do desenvolvimento cultural; é ela que permite às atividades psíquicas elevadas, científicas, artísticas ou ideológicas terem um papel tão importante na vida dos seres civilizados. À primeira vista seríamos tentados de ver aí essencialmente o destino mesmo que a civilização impõe às pulsões... Enfim esse ponto parece mais importante: é impossível não se dar conta em que larga medida o edifício da civilização repousa sobre o princípio da renúncia às pulsões instintivas e a que ponto ela postula precisamente a não-satisfação (repressão, recalque ou qualquer outro mecanismo de poderosos instintos). Essa "renúncia cultural" *(Kulturversagung)* rege o vasto domínio das relações sociais entre os humanos; e já sabemos que nela reside a causa da hostilidade contra a qual todas as civilizações têm que lutar".

Sublimação: Foi Freud que primeiro conseguiu fazer essa leitura como se faz o ser humano. É muito claro: "À primeira vista seríamos tentados de ver aí essencialmente o destino mesmo que as civilizações impõem às pulsões... "o edifício da civilização repousa sobre o princípio da renúncia às pulsões instintivas"... Cada ser humano que nasce tem que passar pelo mesmo processo: transformar sua energia em cultura, fazer de sua vida "uma obra de arte" (F. Pessoa). É a "estética da renúncia" (id.ib).

Foi Freud que descobriu que a pulsão se sublima. Nesse texto ele resume como o humano se faz. O animal nasce pronto: é só crescer. Cada ser humano tem que começar tudo de novo. É por excelência um ser de "falta-para-ser" (Lacan), mesmo até o fim da vida.

Outro conceito que Freud utilizou com precisão simbólica para caracterizar esse processo de repressão é castração.

Castração é uma operação mutilante, definitiva e determinante para mudança fisiológica e hormonal do indivíduo que a ela se submete. Quando desenvolveu esse conceito ele esclareceu que, evidentemente, se trata de castração simbólica, psíquica, subjetiva, portanto, uma metáfora, mas como um mecanismo absolutamente indispensável para a constituição do sujeito. Freud empregou esse conceito sobretudo para descrever o que se passa entre o filho e os pais, essencialmente a mãe que o gestou, o pariu e o alimenta em suas mamas. A mãe não pode ser objeto sexual do desejo do filho nem ele para a mãe. Simplesmente **não** pode. É Lei do incesto. Não observada a desordem psíquica é devastadora. A estrutura edípica desmorona. O filho sucumbe na relação dual, sai da ordem da cultura. O sujeito não consegue ser sujeito de seu desejo. É o caso da mãe perversa que andava de sutiã e calcinha diante do filho de 25 anos, que deixava a porta do box aberta na hora de tomar banho e o filho, numa angústia ambivalente abissal: "cedo à sedução"? Fato é que sequer podia desejar ou cortejar outra mulher. E angústia por se ver proibido de desejar e por estar fora da cultura.

Outro, infeliz, a me dizer: "Só casarei se encontrar uma mulher igual à minha mãe".

A castração é múltipla, estará sempre presente ao longo da existência humana, mas fundamentalmente todas dependem da primeira. A primeira consiste no fato de que a sina da mãe é separar-se de seu filho e a do filho é separar-se de sua mãe. Parto, uma vez feito um, partos do filho não pararão jamais. "Dar à luz": destino supremo: sempre, ininterruptamente, iluminar caminhos para seu filho. "Dar à luz": tirar seu filho do escuro do útero e colocá-lo à luz do dia. Conceber, gestar e trazer à luz o novo ser: experiência exclusiva de fêmeas. Experiência única, subjetiva de cada mãe. Marca inconfundível: MEU filho... MINHA filha. Para todo sempre. Mesmo renegando, não há como escapar. Inapagável. Ao mesmo tempo, missão sublimante, assunção da responsabilidade da criação... "dar à luz"... sem parar, mãe, mãe para sempre. Acender a lanterna para que o/a filho/a vá descobrindo os caminhos deles sobretudo nos momentos obscuros da existência. Missão grandiosa, responsabilidade inalienável.

Estou supondo mãe verdadeira, mãe que ama verdadeiramente seu filho, isto é, mãe que o ama sem espera do reconhecimento ou de retorno. Esta mãe seria uma boa esposa, uma mulher que não abre mão de sua aliança amorosa com o marido. A presença do pai, do pai reconhecido como tal pela mãe, introduz na relação mãe x filho um corte (castração) benéfico para o filho, constituindo-o terceiro na relação triangular. A presença do pai na relação mãe x filho calha como uma mensagem constante para o desenvolvimento psíquico da subjetividade da criança. Uma relação simbólica garantida pelo pai: "mulher, você é minha esposa", "filho, essa mulher é minha esposa", "saiba desde já, seu destino é outro". A criança desde os albores de sua existência encontra na base dessa triangulação um alicerce consistente. Função de mãe e função de pai são funções específicas, insubstituíveis, porém ambas se completam de maneira saudável para o filho. Mais abaixo veremos que quanto menos "eu" do lado da mãe e quanto menos "eu" do lado do pai e quanto mais "nós" na base da relação triangular, melhor é para o filho se constituir terceiro em sua subjetividade. Pai e mãe que procuram ter uma mesma linguagem com a criança comunicam a ela constantemente a segurança do existir. Pais com discurso dividido, mesmo nas pequenas coisas do dia a dia, geram angústia na criança. Ela se sente insegura ou culpada. Quando não, as crianças se tornam indisciplinadas, respondonas, exigentes, birrentas e contestadoras. Frágeis, psiquicamente, diante do menor obstáculo. Sem resiliência.

Uma mãe verdadeira se recusa apegar-se a seu filho e fazer dele o fálus que ela não porta. "Se o desejo da mãe é o fálus a criança quer ser o fálus para a satisfazer"... Mas o decisivo é "que a criança aprenda que a mãe não tem fálus" (J. Lacan, Escritos I, pag. 695).

Muito menos usará o filho como bucha de seu casamento ou compensação de suas carências afetivas. Além de pura ilusão. Ela se corta dele para que ele rompa caminho e, ao mesmo tempo, não abre mão do pacto matrimonial com seu marido.

Vale o pensamento de Simone de Beauvoir: "Eu estava querendo me iludir quando dizíamos (ela e Sartre) que éramos uma pessoa só. Entre dois indivíduos a harmonia nunca é um dado: precisa ser conquistada constantemente". É por aí que o ciúme é patologia real, é doença. A mulher ou o marido que tem ciúme e/ou o cultiva pratica uma estupidez. Primeiro, isso revela fraqueza no pacto, na aliança. Segundo é uma estupidez: é muito ingênuo achar que a fidelidade matrimonial depende do alcance do olho ou do controle do telefone ou do computador. A fidelidade ao amor, à aliança está na mente e no coração de cada um. A fidelidade é garantida pela firmeza com o pacto. Há múltiplas maneiras de trair, mas uma só maneira de ser fiel: a aliança.

Mesmo que a vinda de um filho venha fora dessa ordem instituída, com maior razão competirá à mãe essa função materna estrita, introduzindo na vida do filho alusões constantes ao pai dele, mesmo falecido ou ignoto e vice versa. E a função paterna será efetiva e eficaz porque é simbólica e a presença dele chega ao filho através do discurso evocativo da mãe.

## O Complexo do Intruso

Faz parte da estrutura familiar. Um novo irmão ou irmã sobretudo antes de dois anos desperta ciúmes no primogênito. Especificamente nos momentos dos cuidados maternos, de modo preferencial no aleitamento.

Santo Agostinho (Confissões I, VII) fala de uma lembrança de si quando tinha por volta de dois anos: "Eu vi com meus olhos e observei bem um pequeno tomado de ciúmes. Ainda não falava e não podia sem empalidecer, lançar o seu olhar para o espetáculo amargo do seu irmão de leite".

Não há possibilidade de ciúmes não aparecerem na vida da criança, mesmo sendo filho único. As atenções da mãe a outras crianças, sobrinhos ou estranhos ou mesmo as atenções do pai despertam imediatamente ciúmes.

"Esta semana levei meus filhos para uma visita à casa de minha irmã Vitória, minha sobrinha, não reagiu bem à notícia de não ser mais a única criança da família. Ao perceber que perderia seus três anos de estrelato por dois bebês, recolheu seus brinquedos, se trancou no quarto e desatou a chorar. Precisou de alguns minutos de conversa para convencê-la a voltar à sala" (Folha de S. Paulo 12/11/2020 – Flavia Baggio).

A vinda de um/a irmão/ã será sempre benéfica, sobretudo para o primogênito/a.

Momento fecundo para despertar na criança os sentimentos de partilha e solidariedade tão fundamentais para a convivência humana. Despertar-lhe sobretudo que o valor dele é dele, e isto, além de ser-lhe suficiente, o faz feliz. Que é muito bom para ele deixar que o outro seja o outro com os dons e valores que são dele.

Ensinar o filho a tudo partilhar: o brincar em grupo, os brinquedos... mesmo um chocolate. Inspirar-lhe desde cedo a eliminação do egoísmo, uma das formas mais nojentas da existência. Pelo contrário, abrir-lhe a alma e o coração para a beleza moral da solidariedade humana.

Esse ideal de respeito mútuo tem que ser conquistado toda vez que um invade o campo do outro. Ajuda muito a ideia seguinte: cada filho/a que nasce ocupa, como vimos, uma relação triangular em relação a seus pais. Cada um/a está no ápice de um triângulo pessoal. Os pais ordenam a posição desses triângulos: primeiro, conservando-os sempre distante da base, ("ser inúteis"), e, segundo, não permitindo que eles se invadam, se encavalem. Ou seja, todo movimento de ciúmes ou inveja entre os irmãos, os pais o cortarão, demonstrando aos filhos que cada um/a tem seu valor, seus dons e que é a realização deles é que trará a felicidade pessoal. Jamais a inveja, a cópia ou xerox do outro.

Dado que os ciúmes são da estrutura do sujeito humano, quando não bem administrados antes dos cinco anos, eles tenderão a ressurgir no adulto, nos mais diversos momentos.

Esclarecendo: ciúmes é querer ser o que o outro é ou querer ser o que não pode ou não consegue ser. O ciúmes ressurgem no início da vida social, na convivência, na adolescência, na competição, na comparação com outrem, na relação amorosa, na porfia dos saberes... Não se pode evitar a visita do inconsciente, mas como qualquer pulsão que de lá vem tem que ser sublimada, isto é, assumida e administrada.

Outro impulso estrutural é a inveja. Um sentimento de tristeza ou abatimento pelo que o outro tem ou possui. Sentimento vil, de mal caratismo. Além disso ridículo. Cada ser humano tem seus dons, suas qualidades, suas conquistas e fracassos.

Nada mais frutífero e precioso que desenvolver a própria riqueza pessoal e transformá-la em projetos, em obras. A possível felicidade é fruto da realização de nossas potencialidades no amor, na família, na sociedade e no trabalho... E é por isso que a inveja é um sentimento ignóbil senão estúpido, um sentimento que cega e amesquinha. Esquece-se o que se tem, o potencial próprio não é explorado e quer-se ter o que o outro tem.

Além disso a renúncia ao que o outro tem, mesmo admiração e a alegria pelo que o outro possui ou ostenta, nos trazem uma sensação de bem-estar, fruto do desapego consciente daquilo que não temos ou não somos. A morte tudo confere... quanto mais renúncia na vida mais fácil será ela.

## A fala

Voltemos ao tema central da linguagem. A pulsão, nós já vimos, não é instinto, ela é neutra e precisa ser aviada. Ela é única em cada sujeito, mantém o corpo em vida e sustenta todas as ações físicas, fisiológicas ou psíquicas. Ora, até desde antes do nascimento, é a fala dos pais que acolhe a criança. Mesmo o gesto de carinho só é mensagem porque expressão de uma fala, sobretudo quando uma fala o acompanha. A fala permite que os pais nomeiem a criança e essa nomeação se torna real quando o pai registra a criança. A partir desse momento o pai lhe dá uma existência – a nomeia – e ela ocupa um lugar – o dela – entre os cidadãos de uma nação.

A fala a tira do anonimato em que ela nasce e, registrada, é oficializada como sujeito de direitos e deveres. O nome do pai a coloca na linhagem familiar, mas como terceira na relação parental. Esta nomeação tem outro sentido determinante: ela torna oficial o sexo da criança. Freud afirma que a diferença anatômica é o destino. Os pais que, em dias de responsabilidade "líquida", não respeitam a diferença, farão a criança pagar por isso. Heidegger apurou de tal maneira o valor da fala para a constituição do sujeito humano que chegou a afirmar: "Se o ser humano fala é porque a linguagem o fez homem". Para ele a linguagem é a "casa do ser". E para Fernando Pessoa: "Mas minha alma só pode ser definida por termos de fora"... "Sim, antes de sermos interior somos exterior e por isso somos exterior essencialmente". E Cecília Meireles completa: "... compreendendo que da fronte aos pés sou de ausência absoluta".

Consequência: o ser humano ao ser constituído pela fala impõe-se uma cisão entre si e ele mesmo. Estará definitivamente nessa divisão interior, no exílio de si.

Contudo é preciso ressaltar a interação entre fala (espírito, simbólico) e o corpo. Sempre podemos interagir conscientemente com nosso corpo, os órgãos do corpo e as funções do corpo. Essa influência pode ser negativa ou positiva. Podemos atrapalhar as funções dos órgãos quando mantemos mantras, carimbos, muitas vezes repetindo preconceitos, ordenações de ordem familiar sobre o corpo e seus órgãos. Muito importante uma mentalização própria do corpo para conseguir um corpo próprio. Tenho experiência longa de retardo ou estancamento de doenças graves mediante diálogo constante ou diário entre sujeito e seu sistema imunológico. O corpo e suas funções respondem aos nossos direcionamentos ou a nossos apelos.

As funções orgânicas se ligam diretamente ao nosso estado de espírito, ou seja, à nossa fala interior. A precipitação de hormônios como adrenalina, cortisol, melatonina, por exemplo, está diretamente ligada, à vivência psíquica. Podemos intensificar a precipitação como podemos desarmá-la mediante a fala. Por isso, alcançar uma interação harmônica (nunca pronta) entre espírito, fala e corpo é ideal a ser perseguido continuamente. Isso possibilita a preservação da saúde física e mental.

O recém-nascido é uma criatura pré-matura, neurológica e psiquicamente limitada, sob vários aspectos, impotente.

Nessa relação primeva com a criança até os três meses ela não distingue seu corpo do corpo da mãe. Nessa fusão inicial há apenas dois reflexos que são instintivos: o reflexo de equilíbrio e o reflexo do mamilo: ela se assusta ou chora quando não sente o corpinho amparado (o antigo cueiro levava em conta isso) e ao sentir um objeto encostado a seus lábios ela responde espontaneamente com os movimentos de sucção.

E por falar nisso, a amamentação materna é de extremo valor para a saúde física e psíquica da criança. Além de ser um alimento perfeito, essa alimentação estabelece uma relação de muita importância para com a criança: ela, ao mesmo tempo que propicia um retorno ao corpo da mãe também lhe possibilita um corte gradual dela. A presença e a ausência da mãe propiciam algo fundamental para a criança entrar no mundo simbólico, o mundo da fala. Quando a mãe desaparece da presença da criança dentro dela algo ocorre como uma elaboração dessa ausência, é a fonte da estrutura simbólica da fala. "A palavra", diz Saussure, "é a morte da coisa". O simbólico, a representação da palavra, a memória da palavra dispensa a coisa, chamada de referente. Além disso, esse ritmo de ausência e presença é o fundamento do desejo, desejo esse que se exprimirá primeiro pelo choro e depois pelo apelo. O desejo é específico ao ser humano. É por excelência a designação do sujeito humano. A fala provoca nova presença da volta da mãe, confere-lhe segurança, amparo e confirma que ela já está de alguma maneira inserida no poder mágico da fala, fala que produz tal prodígio.

Nessa relação estrutural da formação da subjetividade da criança há quatro memórias, melhor falando, quatro impressões estruturais e estruturantes que se gravam no inconsciente. Esta "impressão" Freud e Lacan a nomearam: "relação de objeto". Objeto aqui não é o objeto material, por exemplo, o seio propriamente dito, mas algo como se fosse um "estilhaço", uma parte dele que se imprime no inconsciente mediante um processo que Freud chamou de primário e que nos escapa porque não temos acesso nem ao processo em si e muito menos a esse "objeto" que lá se memoriza. Esse objeto que Lacan matematizou chamando-o "objeto-a", isto é, outro do objeto do qual se derivou, é um objeto parcial do objeto total. Chamou "a" de "*autre*" (outro em francês *a-utre*) e "a", uma álgebra que o generaliza na teoria analítica. Trata-se de um resto, um rastolho do objeto da realidade.

## Telepatia

Na relação mãe x filho ou pai x filho existe um fenômeno pouco estudado, mas que Freud e Lacan destacam como certo, é a telepatia. Palavra grega para especificar "sentimento à distância" que sobretudo a mãe "usa", sabendo ou não, para se comunicar com seu filho. A criança foi gestada em seu ventre e a partir do quarto mês os 80 bilhões de células do cérebro já se formaram. Embora o feto não fale, essas células nervosas certamente "percebem" os estados anímicos da mãe assim como não pode escapar dos movimentos hormonais que lhe chegam via placenta. Essas sensações são certamente gravadas, mas jamais acessíveis pois se perdem no mito desses primórdios da existência sobretudo porque são impressões e não linguagem ainda.

Mas embora a criança não tenha acesso à fala, incrivelmente pode participar das mensagens que a mãe consciente ou inconscientemente lhe envia. Um exemplo, embora eu os tenha muitos: professor meu de latim, holandês, mãe morando na Holanda, por volta dos seus 50 anos, terminada a aula: "Minha mãe morreu". Os vinte alunos levaram um susto. Dito e feito, horas depois chegou o telegrama fatal.

Nesse sentido é muito importante que a mãe recém-parida e nos primeiros meses de vida de seu filho, sabendo disso, saiba "desligar-se" dele, certa de que ele está equipado para dormir e as demais funções fisiológicas. Como a criança estava fora do ritmo circadiano no útero, a mãe pode muito ajudá-la desde o nascimento comunicando-lhe telepaticamente que ela vai dormir gostosamente e acordar alegre no dia seguinte. Num mês a criança já passa a dormir a noite toda, num mês ela já estará entrando no ritmo circadiano. É claro que isso é benéfico para a criança, mas muito sadio para a mãe que precisa descansar. Sobretudo a mãe, mas o pai também devem limpar o imaginário e repelir toda fantasia sobre o nenê, principalmente as que podem perturbar a independência dele, tais como: "hoje acho que ele não vai dormir"; "ele vai chorar"... o que acaba acontecendo por pura telepatia da mãe ou do pai.

Toda preocupação imaginária é ruinosa. Sempre lidar com o real, com o dia a dia e eliminar do imaginário pré-ocupações que terminam telepaticamente chegando à criança e ela, incrível, acaba montando cena conforme a mensagem enviada.

## Os objetos-a estruturais

E assim é que o seio é o primeiro objeto que se constitui como fundamento de outros objetos que estarão relacionados à alimentação e à relação da criança com a mãe.

Os três outros objetos parciais se imprimem no inconsciente pelo mesmo procedimento. São eles as fezes, a voz e o olhar. São momentos míticos na história de cada sujeito, mas determinantes para seu funcionamento mental e afetivo. Determinantes também em suas escolhas futuras.

Esses "objetos-a" são constituintes do sujeito humano, são "restos de coisas ouvidas ou vistas" (S. Freud) que se imprimem em nosso inconsciente. Fernando Pessoa assim os descreve: "É sono de haver mundo comigo lá dentro, sem que eu houvesse contribuído em nada para isso". Não temos acesso direto a eles, mas animados pela energia da pulsão que é contínua, eles não cessam de se inscrever em nosso imaginário, surgem como fantasmas e nos acendem um desejo que eles despertam. São causas de nossos desejos e o desejo nos dá a condição de sermos humanos. Mesmo as necessidades básicas como ar, comer, dormir... elas passam a ser acolhidas como formas de desejo.

Os objetos-a (seio, fezes, olhar, voz) são as verdades de cada sujeito, especificam quem é o sujeito. É por isso que cada sujeito é único e este é o sujeito com que a psicanálise trabalha. "O objeto-a responde assim a esse lugar da verdade para o sujeito, a todos os momentos de sua existência" (Lacan). Todos emanam das mesmas fontes, têm a mesma origem, mas não se imprimem de maneira igual em ninguém. Cada um "responde assim a esse lugar da verdade para o sujeito, e cada um se apresenta a todos os momentos de sua existência" (J. Lacan). Esse sujeito da psicanálise – unário - difere pois do sujeito de Descartes, do sujeito imaginário, do sujeito gramatical e do Eu do Estádio do Espelho. O sujeito da psicanálise se define pela fórmula lacaniana $ ◇ a: sujeito barrado, representado na fala, portanto dividido de si mesmo e incluído <$ a> (na interpretação, gozo fálico) ou excluído ($ ◇ a) do objeto-a que o específica como único. Trata-se de uma dialética dinâmica, continua, sustentada pela "força constante" da pulsão. Ilustrada sobretudo pelo sonho, pelo ato falho... pelas manifestações do inconsciente, "a memória que não falha". "Objeto-a sempre volta ao mesmo lugar", é história gravada do sujeito. "Sujeito é o que defino no sentido estrito como efeito do significante, diferente do subjetivo, do individual" (J. Lacan – Meu Ensino, pag. 89).

## Fase Oral

O primeiro desses "objetos" é o seio. É a primeira sensação de alívio de uma necessidade – fome – e ao mesmo tempo o prazer da satisfação. Esse prazer cria uma zona erógena ao redor dos lábios e na língua. Esse momento inicia uma fase fundamental na história de cada um e vai mais ou menos até 2 anos. Freud a chamou fase oral já que a alimentação do nenê o coloca num ritmo cadenciado de 3 x 3 ou 4 x 4 horas. Esta fase é uma das pilastras que alicerçam uma área importante da existência humana: tanto saúde como doenças que derivam da correta ou má alimentação se ancoram nessa fase. Não se trata de carência de alimentação. Exemplo: o problema grave e endêmico da obesidade encontra sua raiz nessa relação com a mãe ou com quem cuida da criança. Uma importância exagerada ou mesmo uma sedução da criança ao redor da comida, com certeza imprimirá no inconsciente um objeto de muita atração, mas insaciável, porque a atração é de outra ordem que comida. Exemplo: ao não ter mais leite suficiente no primeiro ano do filho, a mãe passou a desmamá-lo ofertando duas mamadeiras cada vez. Aos 35 anos, 30 quilos de sobrepeso, não consegue deixar o gozo de comer e beber até se empanturrar. A força do vício proporcional à sedução da mãe com as duas mamadeiras em vez de uma. O paciente se entrega a saciar o desejo da mãe por ele, enganando-se a empurrar comida goela abaixo. E o corpo paga o débito contraído.

Igualmente, o problema da anorexia tem sua base num acidente dessa fase. Faz-se anoréxica a criança que mais tem oferta de alimento. Todos os problemas com alimentação, "encrencas" da criança ao comer, tem sua causa na má ou inábil condução desta fase que Freud chamou de fase oral. O nome se justifica porque sobretudo no primeiro ano da criança a maior parte da atenção ao filho se concentra na alimentação. Quando os pais supervalorizam a comida há duas possíveis reações da criança: ou ela desenvolve um apego exagerado ao comer ou, ao contrário ela o repele a ponto de dominar pais e médicos pela anorexia. Como explicamos acima, no inconsciente da criança se imprime um ou gravam-se vários objetos-a correlacionados ao proceder dos pais e são esses objetos que vão inconscientemente reger o jovem ou o adulto na conduta alimentar. O apego, a atração apaixonada por um desses objetos faria do jovem ou do adulto um viciado no prazer oral a ponto de não ser mais um prazer mas gozo irresistível e é exatamente isso que chamamos de vício. Dr. Aurélio Souza, psicanalista, diz apropriadamente que o sujeito se torna um **a-viciado (Os Discursos na Psicanálise)**. Aqui "a", viciado no objeto-a seio. Conte-se nessa pauta: viciados em comida, em bebida, em droga, em cigarro... O sujeito, diz Freud, fica preso a uma fixação imaginária, fixação fantasmática de um objeto-a, que não consegue romper.

Por ocasião da morte de Diego Maradona, muito se falou sobre o vício da droga. No caso: cocaína. É impressionante que esse jogador, sem dúvida alguma um dos maiores que o gênero humano produziu, começou a degringolar a partir do momento em que passou a usar droga. Uma estrela que foi se apagando: nem futebol, nem qualidade de vida. No evento o jogador Casagrande pedia compreensão para entendermos um vício para o qual não tem remédio. Verdade pura. Cronificou na droga, ou mesmo em outro vício, não tem retorno. É morte antecipada[7].

---

[7] Entre abril de 2020 e abril de 2021 os Estados Unidos constataram 100.306 mortes por overdose de opioides sintéticos (sobretudo o fentanil). Hipoteticamente a naloxona poderia reverter o quadro. Simplesmente uma tragédia: tantas vidas destruídas no gozo mortífero da droga. O a-viciado deixa de ser humano, de sublimar; ele é pura "vontade de gozo", vai até o extremo do usufruto, vai à exaustão da vida: à morte.

A alimentação da criança deve ser algo tranquilo por parte da mãe. Alimentar-se, apenas isso, e com o prazer que decorre da saciação da fome satisfeita. Pai e mãe vão oferecendo ao longo do desenvolvimento da criança, sobretudo até aos 5 anos, o que foi preparado. Jamais perguntar para a criança: "que você quer comer"? Perguntas que tais só angustiam ou agitam a criança. Não podemos cobrar dela aquilo que ela ainda não tem discernimento para decidir. Para conseguir escolher, primeiro é preciso que os pais escolham por ela e só depois do domínio da linguagem (5 anos para frente) é que ela pode formular seu desejo, mas isso também só depois de os pais terem sido firmes em conduzi-la. Fora disso temos crianças birrentas, empacadas, encrencando com tudo, irrequietas, nada as sossega nem as satisfaz. Criança de pulsão solta é criança desajustada e descontrolada.

Assim comer, dormir, brincar, fazer coco, xixi, mais uma vez, são atividades prazerosas em si, por própria natureza. Enfeitá-las com sermões, ameaças, brigas, imposições, seduções, elogios, trocas, "comprá-las", historinhas... só as artificializam e as tornam neuróticas, porque dependem de condições extra, deixam de ser prazerosas em si e, não raro, tornam-se pretexto de briga entre pais e filhos. Sempre que os pais "compram" uma intriga ou encrenca da criança, ela topa a parada e passa usá-la como domínio sobre eles. Tudo segue de maneira tranquila se os pais simplesmente oferecem a alimentação, deixando-a por conta da criança, permitindo que ela tenha o prazer dela em comer. "Mãe, que é aquilo? Aquilo é melão, mas você não gosta porque nós não comemos em casa", respondia uma mãe: isso é simplesmente uma impostura. A resposta poderia ser: "é uma fruta que muitos apreciam".

Comer, embora um dos prazeres do corpo, não raro ele se torna briga. Comer vira um momento de tensão e de desentendimento. A criança percebe que negar a comer ou repelir a comida preparada mexem profundamente com os pais, sobretudo com as mães. Estas se submetem à tirania da criança de duas maneiras: ridiculamente quando vão atrás da criança com prato e colher, ou quando perguntam: "Então, o que você quer comer"? Por vezes enganam a criança com historinhas ou usando desenhos da TV ou da Internet, vão enfiando colheradas boca abaixo. Lembro-me de uma mãe que colocava o celular no sutiã para que o filho visse desenho enquanto ela dava de mamar no outro seio. Há muitas maneiras de ensinar nossos filhos a mentir ou a se corromper.

"Filho/a, esta é a comida que a mamãe preparou para hoje". E pronto.

Toda "encrenca" em comer advém do discurso da mãe e do pai. Comer é algo gostoso. Tudo depende da firmeza e a segurança com que, sobretudo a mãe, leva a criança do desmame do leite materno à introdução da mamadeira e da papinha e em seguida à alimentação comum. É preciso oferecer os alimentos nessas diversas passagens sem comentários ou juízos de valor sobre a reação da criança. Ao passar para a papinha é de esperar que a criança estranhe a consistência do alimento esmagado no escorredor. Com firmeza, sem tecer comentários, simplesmente prosseguir na administração da papa. Guardar sempre como regra: se a criança não comeu bem numa refeição, não insistir, na próxima ela compensará. Se ela continuar rejeitando ou der sinal de não querer mais, parar imediatamente. Na refeição seguinte simplesmente voltar a ofertar a papinha, sem comentário algum de valor. Ela incorporará a passagem da cultura. A criança tem que fazer esses passos por conta dela. Ela tem o direito de fazer a experiência dela. A mãe simplesmente oferece a comida. Se a criança estranha ou mesmo cospe o alimento é importante encarar isso como tentativa de ela conquistar a passagem. Se ela se recusa, deixe a recusa por conta dela. Não a "compre". Ela sentirá fome e na próxima "refeição" que deverá ser servida na hora certa, nada de antecipar com bolachas ou guloseimas, ela compensará o que não comeu antes. Portanto, acreditar que a criança pode dar conta do prazer de se alimentar e não intervir de modo algum com oferecer alternativas, convencê-la, seduzi-la, enganá-la ou a corromper.

A alimentação é uma necessidade vital. Ela será saudável para a criança segundo a disponibilidade da mãe e a qualidade da alimentação. Esta será garantida pela puericultura do/a pediatra. O aleitamento é sustento da melhor qualidade: além de fornecer ao nenê uma alimentação perfeita, o imunizará das mesmas imunizações de que a mãe é portadora. Nada mais saudável. Mas como se trata de um ser humano, regido pela falta e pela fala, sensível à telepatia materna, a alimentação da criança depende e muito das disposições psíquicas, sobretudo intencionais e emotivas da mãe. Partamos de conceitos básicos. A mãe antes de tudo é uma fêmea. Para tanto tem um ovário que produz o óvulo, tem um útero que pode acolher o ovo, gestá-lo e o transformar em feto e numa criança pronta para nascer; tem também duas mamas que produzem leite, alimento básico e perfeito para o recém-nascido. Além disso, é muito interessante senão curioso que a mulher é a única fêmea da natureza que tem seios permanentes. As demais os têm murchos e só os enchem quando se preparam para criar. Esse preparo na mulher é apenas um acréscimo do hormônio lactífero.

Muito além dessa estrutura física e fisiológica, a mãe humana é um ser humano e a maternidade só é verdadeiramente humana se ela emana de uma escolha, de um ato explícito de seu desejo de ser mãe. Essa resolução desencadeia uma série de compromissos morais em sentido à acolhida e à educação de um novo ser humano. A criança "percebe" se a mãe se dispõe verdadeiramente a recebê-la e a cuidar dela. Tive caso de criança, embora com muita fome, simplesmente rejeitar o leite materno por perceber que a oferta do seio não era autêntica. Essa entrega da mãe tem que ser coerente com o desejo esclarecido de ter um filho. Isso supõe uma disponibilidade total, sem reclamações dos horários de aleitamento e menos ainda com preocupações estéticas com um corpo que engendrou, pariu e agora aleita.

Ocupo-me seriamente da mãe recém-parida. Desde a volta da maternidade para a casa com o nenê, supondo-o bem de peso, acho fundamental preservar o sono da mãe. Se o nenê estiver bem, quanto mais cedo eliminar a mamada da madrugada. Essa é a hora de mãe e filho estarem dormindo. Para isso, o que importa é que a mãe transmita telepaticamente ao nenê que pode dormir tranquilo, é um corte mental, que ele não precisa da mamada da madrugada e sobretudo que o dormir é mais importante que essa alimentação.

Dar de mamar é um prazer especial de mãe. Neste caso a criança não só satisfaz sua fome como se apazigua no contato e no aconchego do corpo materno, de onde ele saiu. Ela se sente assegurada.

De outro lado, do ponto de vista subjetivo, é proveitoso que a mãe prepare a criança para o desmame lá pelo oitavo mês. Toda passagem que a criança tem que dar na conquista de sua inserção na cultura, efetua-se fácil, sem traumatismos ou neurose quando, na idade compatível dela, a mãe a desliga mental e intencionalmente de sua dependência. É um processo psíquico, portanto, na cabeça da mãe.

É um desejo esclarecido da mãe que ela elabora na cabeça dela e que ela telepaticamente passa ao filho. A presença do pai nesse processo secundando a mãe no desligamento necessário é de muita eficácia, diria quase condição. Costumo dizer que a criança desmama, aprende a comer, a fazer cocô e xixi na cabeça da mãe. Basta a mãe operar essa decisão no momento compatível com a idade, a criança acaba dando o passo necessário.

Pai, sobretudo mãe que titubeiam diante das passagens necessárias para a entrada na cultura, acabam seduzindo a criança, a fragilizam e, embora o corpinho dela esteja equipado e preparado para o avanço, ela passa a hesitar, fica confusa e indecisa entre se apegar à fase infantil da operação e o passo a ser dado. Toda criança seduzida, infantilizada, trava fisicamente, senão psiquicamente, não consegue progredir ou progride insegura.

No desenvolvimento sadio da criança ela elaborará duas conquistas: primeira de que ela é ela, nem o pai, nem a mãe e nem outra criança. Para essa conquista de um narcisismo sadio e indispensável de sua subjetividade ela terá do reconhecimento dos pais um retorno benfazejo em que se vê amada, no lugar que é dela e isto é o fundamento de sua subjetividade e de sua inserção na família e na civilização. Essa inserção ou essa conquista supõem que a criança se castre de cada dependência: placenta, desmame, fala, marcha, cocô, xixi, escola e sobretudo a castração sexual, isto é, sua designação sexual. Lacan chama sexuação.

Outra conquista fundamental: a apropriação de seu corpo, a conquista passo a passo de seu corpo como corpo próprio. Este fator é de extrema importância sobretudo em nossos dias. O corpo hoje é algo alienado, objeto de desconfiança, o "silêncio" do corpo já não é garantia de saúde. O corpo é encarado como uma máquina de órgãos (J. Lacan) e funções, o corpo já não é objeto da medicina, o corpo passou a ser visto como "inimigo" do sujeito, o corpo é um amálgama de órgãos e funções, o corpo como tal não responde mais ao sujeito e ao médico, o corpo é apenas um objeto que os exames de imagem e de laboratório perscrutam. Resumindo: o corpo deixou de ser corpo próprio. E, isto tem consequências graves para a saúde física e mental. O sujeito pós-moderno vive alienado do corpo, o corpo é objeto de malhação, o corpo tem que se moldar aos padrões da medicina da moda ou simplesmente à moda. Incrível: "malhação do corpo". Esquizofrenia corporal! É impressionante, senão alienante ver a parafernália dos instrumentos das academias de ginástica sob o ritmo enlouquecido de "malhar o corpo", música acelerada e gritos do "treinador".

Essa alienação do corpo não permite conviver com um "corpo próprio" e quanto menos próprio, mais propício a doenças físicas e psíquicas. Não é à toa que constatamos um crescimento espantoso de doenças autoimunes como psoríase, lúpus, parkinson, alzheimer, obesidade, alergias de todo tipo, insônia, ansiedade... E, o pior de tudo para o paciente, mas para o regozijo das multifarmacêuticas, a cada "patologia" um "medicamento". Esta é outra grave alienação do corpo próprio: qualquer dor, qualquer incômodo, ou como diz a psiquiatria, "transtorno", "medicamento" nele/a. O corpo passou a ser o "culpado" das patologias psíquicas de nossa época. O corpo passou a ser "atacado" por uma invasão medicamentosa que acelera ou retarda as combinações das sinapses para rebater os sintomas psíquicos. O sujeito em vez de enfrentar seus problemas e os resolver é convencido pelo "médico" que é pouco inteligente ele não se servir de um medicamento para cada "transtorno". Por sua vez, o psiquiatra ao ouvir que o/a paciente está com angústia ou ansiosidade, ele escuta o "sintoma" e o coloca na vala comum do "transtornos". Não se dá conta de que esses sintomas são altamente positivos, a presença viva de uma mensagem inconsciente da história daquela ou daquele paciente. Simplesmente medicaliza o sintoma. A resiliência ao sofrimento é reduzida a zero. Fraquejam as forças psíquicas ou morais.

Note-se que essa vitória das multi de medicamento se estende também a patologias que são próprias a pessoas idosas e cujo fim da vida está próximo. Paciente com quase 90 anos: 25 exames de imagem e bioquímicos e 18 medicamentos por dia... Outro em meia idade: consulta um psiquiatra. "De lá saí com o pedido de 33 exames". A meu ver essa conduta revela uma onipotência medicamentosa e uma ignorância clínica berrante, simplesmente um despropósito. Cada vez menos médicos que conhecem clínica.

A medicina atual se tornou dependente das multifarmacêuticas e das empresas de "saúde". O médico se tornou um "técnico" manipulado por elas. O neoliberalismo cada vez mais estende seus tentáculos no domínio da saúde humana. Mas que a altivez no exercício dessa profissão tão elevada não lhe permita vender sua liberdade.

Nessa onda de alienação do corpo próprio a tatuagem grassa avassaladoramente. Se tenho uma relação harmoniosa com meu corpo, se cuido dele com a consciência de que sem ele eu não existo, preservo-o cuidadosamente em sua integridade e não permito que seja invadido de forma alguma. É muito significativo pesquisar o que move um sujeito a carimbar seu corpo, na tatuagem, como e por que acabou escolhendo tal etiqueta. Exemplo gritante dessa alienação: a tatuagem no corpo dos jogadores de futebol: não existe corpo mais "vendido" do que o corpo deles.

Essas relações com o corpo são simplesmente doentias.

Concluindo: Pais conscientes, esclarecidos em sua opção, podem criar filhos para a liberdade. Crianças bem criadas, são crianças tranquilas, soltas. Elas sentem que têm a garantia do amor dos pais. Tudo enfrentam com uma resiliência conquistada à cada renúncia imposta pela cultura. Brincam, cumprem seus compromissos com elas mesmas, com os outros, comem de tudo, dormem sem problema e até em qualquer lugar, são educadas e respeitam os outros. Educar um filho é uma obra de arte, é uma das maiores felicidades deste mundo. Educar hoje exige muito mais de nós do que exigia de nossos antepassados. Hoje precisamos verdadeiramente "criar" nossos filhos. A cada passo precisamos refletir sobre as soluções a serem tomadas para garantir os princípios civilizatórios e os valores em que acreditamos. Nossos filhos são bombardeados por toda sorte de pressão social. Verdadeira carga tóxica. Mas precisamos confiar em nós, abrir caminhos e não ceder de nosso desejo de ser pais. Uma criança bem educada é feliz e encanta a todos. Não tem como não debitar aos pais uma criança mal educada ($\$ S_1 S_2 a$).

## Fase anal

Outro objeto-a, segunda coluna da sustentação do edifício psíquico, é o objeto da excreção das fezes: o cíbalo. Por volta de 2 anos, já com certo domínio amplo da linguagem a criança conhecendo seu corpinho, se toca com o fato de que seu corpo produz cocô. O "objeto" de sua produção a torna "dona" de o produzir ou não e, simultaneamente a mãe ou que tal, passa a interagir com ela, convidando-a ou insistindo para que ela efetue mais uma passagem em ordem à civilização: cuidar de sua produção excretora. É a segunda passagem complexa em que a criança tem a sensopercepção da compressão retal e dos movimentos peristálticos do intestino, mas sobretudo a soltura do "produto" e um certo receio dele. Se os pais não deixam essa "conquista" acontecer tranquilamente, seja elogiando ou incentivando, ou seja, fazendo apreciações, isto impede que essa passagem seja serena e acaba condicionada ao discurso que a acompanha. De um lado há um prazer, um alívio que provém do esvaziamento do intestino, sobretudo do reto, do outro lado há um objeto fabricado com o troço que ela desprega e isto se imprime no inconsciente como prazer de o produzir ou, infelizmente, de o reter. Quando a criança é invadida nesse ato fisiológico o ato pode se artificializar e passar a depender de um estímulo (significante) externo que se torna ritual e "necessário" para o cocô ser solto. Essa dependência de estímulo externo, de intervenção inadequada dos pais pode levar a criança a "negociar" o produto: retê-lo (constipação) ou soltá-lo de maneira descontrolada (encoprese) pelo prazer de ser limpada. Quando a criança entra nessa dialética ela "encrenca" e demora muito para conquistar autonomia fecal. Aqui também, quanto menos importância se der a essa fase, mais rapidamente a criança faz a passagem. É absurdo elogiá-la porque conseguiu produzir sua merda. Não há mérito nenhum nisso, há um passo a ser dado na cultura, pronto. Quando a mãe e o pai colocam para a criança na hora compatível à idade, que ela precisa tomar conta de seu cocô, ela dará o passo civilizatório rapidamente. Portanto apresentação firme dos pais da necessidade da passagem; nada de mimimi, nada de chantagem, nada de assistência, nada de "compra". Simplesmente que a criança faça a experiência do alívio e sinta o prazer de ter um intestino descarregado.

Esse passo civilizatório, o domínio do cocô, imprime um objeto-a fundamental que conduzirá inconscientemente o adulto de amanhã aos hábitos de higiene, à maneira de ir ao banheiro, à maneira de se lavar, mesmo no banho, às manias de limpeza e, por extensão, à produção do trabalho... Essa marca inconsciente ($S_1$) condicionará o defecar do adulto seguindo o primeiro modelo impresso. Essa travessia será responsável por todo distúrbio epistemossomático do adulto: retenção, diarreia, inibições, retocolite aguda, fissura anal, hemorroidas, sangramento, doença de Kron... sem falar dos que dependem de rituais, de banheiros especiais... Para que tanta neurose? Vejam os pais a responsabilidade. Os movimentos peristálticos, a pressão no reto deram sinal, vai lá e descarrega. Pronto. ($\$ S_1 S_2 a$).

## A Voz

*Pelas névoas da lonjura vou buscar-me. Deve estar*
*em qualquer parte a* **voz** *que minha alma escuta.*
(C. Meireles)

Há outro objeto-a que se implanta nesse primórdio: a voz. Foi Lacan quem o detectou. A voz, sobretudo a da mãe, gera na criança uma fonte de prazer e segurança. Ainda em idade tenra, a criança a chorar, a mãe: "Meu filhinho, a mamãe está aqui, não precisa chorar" ou "Filhinha, já vou dar seu mamá, não precisa chorar". Essa voz apazigua imediatamente a criança porque do inconsciente dela lhe vem uma "mensagem" que lhe traduz ternura, carinho, amor, proteção e certeza da remoção de seu mal-estar. Essa voz será o fundamento ($S_1$) de uma cadeia de muitas outras vozes que a criança irá confrontando ao longo da vida: vozes de paz, de acolhimento, de amor, vozes que ameaçam, esbravejam, vozes que a ordenam e trazem tranquilidade, vozes maiores que deliciam os ouvidos com a harmonia dos sons, da poesia, do canto, da música...

A criança conhece a voz da mãe, do pai, a voz que acolhe, a voz impaciente, a voz nervosa, a voz que a rejeita... A voz que fala sem boca, a voz que vem inopinadamente do inconsciente, a voz que não cala, a voz que repete sem trégua, que insiste, a voz que evoca, a voz que invoca, a voz que interpela, a voz das vozes que levou Van Gogh a cortar a orelha; a voz de Goya surdo na Quinta del Sordo, no manicômio, na insensatez da guerra, no horror da Inquisição; a voz "das vozes" de Munch que hirtamente não as quer perder, o grito da mulher da ponte sem ponte dos homens... para as mulheres... na humanidade, sobretudo nas religiões! A voz telepática que misteriosamente chega à criança ou interliga os que se amam. A voz que na calada da noite não cala. A voz do superego que me cobra, me pune, me condena, me vigia e não me larga ou me recompensa pela lei cumprida. A voz sem voz daqueles humilhados da vida que recusamos escutar fingindo que não os ouvimos. A voz do louco ou da louca que a psiquiatria persistentemente se recusa escutar. A voz que o analista identifica como única, singularmente revelante. A voz significante das manifestações do histórico do inconsciente.

E essas vozes imprimem no inconsciente objetos-a correspondentes que, inconscientemente, a vão reger cada vez que ao longo da vida ela defrontará com o tom, o timbre, o registro da infância... "lugar da verdade do sujeito"... "Deve estar em qualquer parte a voz que **minha** alma escuta" e a outros não é dado a escutar. Voz minha oculta e ciente. Ermelindo Nardin imortalizou em sua pintura as vozes atormentadoras emergindo em volutas do inconsciente.

O mito ou o mistério do objeto-a voz foi maravilhosamente pintado por E. Munch em 1893. Dois quadros, duas mulheres, sim, mulheres e não homens: no centro de um quadro indefinido, concentradas, hirtas, braços recolhidos, olhos escurecidos, quedam-se em silêncio total: apenas escutam. Elas são integralmente voz. Voz que fala, boca calada. Nada podem perder. Estáticas, ouvem o desfile das vozes que seguiram à voz primeira que nelas se imprimiu. Todas elas portam timbre, tom e som da voz primordial ($S_1$), indelével. ($ $S_1$ $S_2$ a)

## O olhar

*__Pelos vales dos teus olhos__ o que fomos*
*ou seremos não precisa explicação.*
*Será meia–noite certa: e o futuro já*
*passado nos vales do teu olhar"*
(C. Meireles)

Enfim outro alicerce do edifício psíquico da subjetividade: o objeto-a "olhar". Aqui encontramos um achado precioso para a clínica. Por volta do terceiro mês a criança consegue seguir o deslocamento de um objeto no vetor de 45 graus. O nistagmo de nascença vai cedendo na medida em que a mielinização dos nervos dos oito pares de músculos que comandam o globo ocular vai se efetuando. A partir daí o olhar se torna um órgão de grande valor para a subjetividade da criança. Note-se: olhar não é a mesma coisa que ver. Olhar é sinônimo de registro. O psicanalista Jacques Lacan aprofundou tanto o sentido do olhar para o ser humano que, lindamente, chegou afirmar que não somos nós que olhamos a obra de arte e, sim, é ela que nos olha e imprime em nós uma mensagem que nos penetra e nos transforma no "bom e belo" com que ela nos olha. Assim a criança em sua imaturidade de nascença, aos poucos se dispõe do olhar para se constituir como ela, terceira entre pai e mãe. É graças ao olhar que a criança se situa na relação terciária que institui o entendimento da linguagem: eu, tu e ela, ele. Essa dialética cria a estrutura do simbólico, o específico do humano.

Mesmo antes da mielinização da coluna e dos grandes membros, o olhar lhe garante uma conquista do espaço e das pessoas que estão continuamente em seu cuidado ou em seu entorno. O olhar lhe permite enxergar o olhar do outro: a criança se vê pelo olhar com que o outro a enxerga, sobretudo sua mãe. Sua mãe essencialmente não é apenas o outro, é também o Outro. Isto é, o lugar de referência, o lugar que lhe possibilita a identificação e a diferença. Esse registro, objeto-a olhar, é essencialmente imaginário, mas ao mesmo tempo simbólico ($S_1$). Esse registro é o primeiro de toda a série ou cadeia de olhares subsequentes.

Com o olhar é diferente, o olhar me constitui. Olhar... olhar primordial, mítico, em que me enxerguei sendo olhado... Reconhecido. Olhar que acolhe, que sorri, que é ternura, que é amor... Olhar que me reconhece, que me apela à vida... Olhar que remove o desânimo, que fortalece na existência... Olhar que diz tudo, que tudo comunica, que penetra alma a alma... Olhar que é metrônomo das trocas afetivas... Olhar que a criança detecta, que a acolhe, que a ameaça... Olhar que é estranho, que é familiar... Olhar que é raiva, que é ódio, que é violência... Olhar que aprova, que desaprova... Olhar que condena, que absolve... Olhar que incentiva, que esmorece... Olhar que é surpresa, que é espanto, que encanta... Olhar que é medo, que é pavor, que chora, que não queria ver... Olhar que é tristeza, que é abatimento, que é desamparo, que é desesperança... Olhar que é súplica, olhar que pede socorro, olhar que pede o pão... Olhar migrante na busca incerta de patriação. "O olhar do outro, me devora", dizia-me o paciente... "Sinto horror/À significação que olhos humanos/ Contêm" (Fernando Pessoa). Olhar que é liturgia da festa, que é alegria, que é desabrochar... Olhar, ora olhar, olhar que é encontro, que seduz, que misteriosamente é convite, que se declara, que escolhe... que marca o re-encontro... Olhar que me restitui, que me situa em tempo e espaço... Olhar que me reconhece na existência que é minha... Olhar que me apazigua em mim mesmo... Olhar que me institui em meus horizontes, nas minhas coordenadas... Olhar que me sorri... "Falo do **olhar** que se erguia para nossa **alma**. Do amor daquilo que vive e serve e passa", ou seja, "pelos vales dos teus olhos o que fomos ou seremos, não precisa explicação" (C. Meireles)... "E o futuro já passado nos vales de teu olhar": a força incrível do olhar: ao viver o futuro "os vales de teu olhar" iluminaram, determinaram, balizaram a caminhada, pois o sujeito se constituiu "nos vales de teu olhar". E Fernando Pessoa: "ergo finalmente os olhos para os teus olhos que me olham".

O olhar a constituir o outro: "Não busca o olhar de hoje a mesma saudação do olhar de ontem, quando eram outros que encetavam a marcha da vida, de alma alegre e pé veloz. Compreende que esse turbilhão é assim mesmo, leva as folhas do mato e os farrapos do caminho sem exceção nem piedade" (Memórias Póstumas de Braz Cubas) ($\$ S_1 S_2 a$).

Sempre brincando com a prima. O tio passa. Elogiou a beleza da prima. "Não me elogiou. Minha prima é maravilhosa. Minha irmã se acha bonita. Eu me sinto feia. Não me olho no espelho. Eu me sinto indecisa nas escolhas. Não consigo decidir. Tenho baixa estima. Penso muito em mortes e doenças na família. Eu me sinto estranha, diferente de outras pessoas. É uma questão de rejeição. Eu sou de outro jeito. Pai pouco fala comigo. Minha mãe nunca perguntou como fui na escola. Sempre indecisa: no casamento fui incapaz de decidir a cor da decoração: roupa, flores, enfeites... Tenho medo de altura. Pavor de caminhar numa passarela. Se preciso passar, pego a mão do acompanhante, fecho o olho e avanço até o fim.

Tenho medo de mudança. Melhor ficar como estou. Insatisfação comigo mesma... tenho medo de me machucar".

*(Ela e a prima: o tio elogia a beleza da prima ("olha a prima") a coloca nas "alturas" (na "passarela"). Ela, o tio a não "olha" e, isto a fere. E ela "olha" o tio "passar ela").*

## Estádio do Espelho

O psicanalista Jacques Lacan fez um estudo fundamental sobre esse período da existência do sujeito humano. Essa estrutura em que a criança ainda neurologicamente imatura, já por volta de 6 meses, dispõe do olhar para se situar, Lacan o denominou "Estádio do Espelho". Essa fase é simplesmente constituinte para o sujeito humano. É nesse instante que principia a se estruturar o Eu imaginário do sujeito, o Eu consciente. O psicanalista Serge Leclaire qualificou esse escrito de Lacan como a obra "*princeps*", tal sua importância: simplesmente fundamental. Já nessa tenra idade, embora a imagem do espelho seja virtual e invertida, a criança chega a identificá-la como ela, manifestando isso no júbilo do reconhecimento dela como sendo ela. Esse mesmo fenômeno ocorre quando ela se vê olhada pelos olhos da mãe, do pai ou de quem a reconhece. Essa "leitura" do olhar, esse reconhecimento que lhe vem do espelho, do outro dela, a reassegura como "alguém", alguém terceiro, alguém amável, querida... ou infelizmente, dolorosamente não reconhecida, indiferente ou mesmo repelida. E esse instante ou esses momentos míticos são a base para ela, por sua vez, chegar um dia, numa passagem além da imagem de si, a se reconhecer como sujeito. Um traço, (um rastro) Lacan o denominou unário, imprime-se no inconsciente da criança em que se vê sendo ela. Esse traço único, só dela, é o núcleo do sujeito. Freud chama essa identificação fundamental de imago. Nesse momento mítico de cada sujeito humano acontecem uma *Urbild*, uma imagem primordial e um *Urverdrängung* *($S_1$)*, um recalque primeiro, original, que o registram no inconsciente e lhe garantem que ele é ele.

Nós, psicanalistas, temos a contraprova disso pela psicopatologia que apresentam as crianças sem referencial constante quer de pais quer de babá permanente. Elas manifestam uma série de sintomas, sobretudo o de não se identificarem. John Bowlby, René Spitz, como referido, e outros fizeram pesquisas com crianças órfãs de pais que pereceram na guerra de 1939-45 e as conclusões são devastadoras para o estado psíquico delas. Entre numerosos sintomas apresentam o hábito de se morderem para buscar um reconhecimento de si através da dor do corpo ou se ferirem para receber a atenção ou o "carinho" de um curativo. Cicatrizado o ferimento, abrem-no de novo para prolongar esse "reconhecimento". Além disso, o balanceio, o sono agitado, o contato grudado com o adulto sem intercâmbio afetivo, o olhar triste, perdido no vazio...

Crianças sem referência parental para se constituírem sujeitos. Seres humanos subjetivamente desconstruídos, abertos às mais diversas patologias, sob o domínio de seus impulsos.

O Estádio do Espelho é a planta estrutural do sujeito humano. O Estádio do Espelho é a estruturação do imaginário. O imaginário é a instância psíquica que registra tudo o que é "olhar". E a questão de máxima importância para o sujeito consiste no fato de ele se tomar pela imagem e não por ele mesmo. A imagem do corpo próprio, a imagem dele é imagem. Ele se torna prisioneiro dela, ela o captura. É uma identificação? Sem dúvida, mas identificação com a imagem dele, por isso uma identificação secundária. O perigo dessa identificação consiste no fato que ela é fornecida pelo outro, o outro do "espelho". A permanecer nela, o sujeito pode passar uma vida buscando esse reconhecimento do outro, isto é, lutando para que o outro lhe forneça esse "olhar" sem cessar. Esse movimento que leva Narciso a se afogar na própria imagem.

Nessa busca o sujeito se aliena duplamente: toma-se pela imagem e não consegue se despegar do reconhecimento do outro. Toda a sorte de patologia, sobretudo as neuroses, tem aí sua origem. Por excelência a paranoia. Nessa busca incessável o sujeito pode passar uma vida fora do seu eixo, longe de si, cada vez mais à cata de fabricar novas imagens para reconhecimento de si. É o caso do facebook, por exemplo, em que o sujeito "se acha" pelas "curtidas" de suas mensagens. A psicanálise tem uma função central: desiludir o sujeito dessas identificações secundárias que o fazem um alienado senão um neurótico, cheio de dependências, manias e outras. Essa alienação afeta mais ou menos todo ser humano. Sofrimento, escravidão de que a análise pode libertar. A luta pelo reconhecimento do senhor e do escravo, exposta por Hegel, é por excelência modelo para entender essa escravidão do imaginário.

Esse estádio é tão radicalmente estruturante que Lacan chega a denominá-lo com termos muito fortes: "campo retrancado", "castelo interior", "fortaleza", "fortificação", "estatura", "estátua"... A retomada dessa "fortaleza" pelo sujeito em análise é uma tarefa difícil e necessariamente longa, mas ela é de grande benefício para ele, a fim de não continuar prisioneiro dessa estrutura. O que é o mesmo de dizer: dominado pela neurose e não pela liberdade de seu desejo esclarecido.

Tudo isso para poder explicitar quanto o estádio do espelho é um paradoxo: de um lado ele é necessário para o sujeito se reconhecer em se vendo reconhecido, mas ao mesmo tempo é uma instância alienante onde o sujeito se toma por suas imagens. Essa nossa identidade secundária (por imagem de nós) nela nos tornamos e a tomamos como se fosse primária.

É essa formação imaginária que Freud chamou de ego. O ego não é o sujeito, é uma instância objetivante do sujeito, é o lugar da ignorância ou desconhecimento de si como sujeito de desejo próprio. O ego é uma instância tão atraente que o sujeito sente seduzido ao ponto de achar que ele é o ego. Mas o ego é uma "fixação" (Freud) imaginária, é uma estrutura "opaca à reflexão", "estrutura da paixão"... lugar de uma verdadeira "servidão voluntária" (*Étienne de La Boéthie*). Lacan, como acima dito, brilhantemente vê nessa relação especular a dialética do senhor e do escravo (Hegel), com domínio parcial do sujeito no caso da neurose e total no caso da paranoia.

A psicanálise, graças à fala, consiste em desalienar o sujeito desses engodos em que se toma por si e possibilitar-lhe que caia no real e possa descobrir que é portador de uma identidade própria que o liberta da escravatura de se tomar pelas imagens. Em vez da busca insana do reconhecimento do outro se apazigua na descoberta do desejo próprio e responde por ele.

Essa estrutura do ego é, pois, uma referência de autoconhecimento embora por imagem. Quando me arrumo frente ao espelho dou por certo que aquela imagem "sou eu" e não distingo que é imagem de mim.

Aqui ocorre outro fenômeno estrutural em consequência disso. Quando essa imagem não é reconhecida pelo outro, ou o outro não a leva em conta, a despreza, ou a ofende imediatamente respondo com agressividade. A agressividade é da estrutura egoica: ela tem a finalidade de o sujeito lutar para restabelecer a conformidade das imagens. O problema é que agir assim cada vez mais me endureço psiquicamente me alienando na imagem de mim, achando que a imagem de mim "atingida", sou eu o atingido. O problema é que essa agressividade pode se tornar agressão. Aí estou lutando pela imagem de mim e não por mim. O processo analítico permite que o sujeito se desfaça desse conflito, não "embarcando" na imagem atingida e possibilita que ele se identifique consigo, com seu desejo, com seu valor, que saia do imaginário e pondere o real. É assim que uma possível briga de trânsito não só não acontece como ela pode ser desfeita. Se o sujeito sai me xingando e eu lhe peço desculpas pela minha falha, desmonto o processo de imagem ofendida e o real efetua as pazes.

Nós desenvolvemos uma sensibilidade maior ou menor pelo ego. Diariamente estamos em conflito com familiares, com estranhos, com colegas. Estupidamente em competição, sensíveis pelo julgamento do outro... Tudo porque nos tomamos pela imagem de nós. Brigas, competições acadêmicas e outras, como lutas de prestígio, narcisismos, ofensas, disputas entre marido e mulher, pais e filhos, com motoristas, motoqueiros ou outros, simplesmente porque nos tomamos pela imagem de nós em nosso ego. Essa alienação estrutural, por vezes pode nos custar caro senão ser fatal.

Lacan várias vezes descreveu as imagens do ego como cascas. O trabalho da análise consiste em descascá-las para que se apure o sujeito e ele deixe de se tomar pelas cascas e na hora da ofensa da casca, fique com ele sujeito do desejo próprio.

Freud em Mal - Estar da Cultura afirma que a grande tarefa da educação é propiciar que o sujeito se liberte dessa agressividade-agressão e da violência sexual por meio da sublimação dos "instintos".

## Concluindo

Os quatro objetos-a (seio, fezes, voz, olhar) e o estádio do espelho constituem a planta básica da subjetividade humana. Os objetos-a se alinham como quatro colunas dessa subjetividade. Cada um deles inaugura uma série, uma corrente de representações, de registros inconscientes que os psicanalistas chamam de significantes, termo usado por Lacan para indicar a singularidade absoluta do sujeito e seu objeto-a. Cada objeto-a é uma letra, codificação de uma mensagem. Essa letra é uma memória indestrutível, ela jamais se apaga. Essa letra é vivificada pela pulsão (energia vital) constantemente. Basta um estímulo (uma palavra, uma vista, um sentimento...) o objeto-a, ou a letra-tronco se transformará numa nova mensagem como metáfora- ("condensação") que aparecerá no imaginário do sujeito como um fantasma ("vulto"), apenas uma presença notada e sentida que desperta o desejo correspondente ao conteúdo dessa mensagem, uma metonímia dele, ("deslocamento").

A questão fundamental dessa averiguação de alto valor clínico consiste no fato de que a "implantação" dos objetos-a parciais no inconsciente é mítica pois é independente e da criança e dos pais ou circundantes. Jamais se tem acesso direto a eles. Mas são eles que detêm as verdades do sujeito, daí sua importância fundamental no tratamento psicanalítico.

Do outro lado, o Estádio do Espelho não é de menor importância. Ele é constituinte do sujeito por quanto faculta que o sujeito se identifique mediante seu corpo próprio, se descubra terceiro na relação parental, se localize em tempo e espaço.

Fique claro que essa constituição do sujeito humano que a psicanálise descobriu e redescobre em cada caso é algo que se realiza no inconsciente e que de lá emana. Absolutamente nada a ver com uma psicologia do desenvolvimento.

Por essas razões pode-se deduzir a importância desse estádio que acontece entre 3 e 6 meses. Embora a criança de seis meses ainda não tenha coordenação motora dos membros superiores e inferiores ao se ver no espelho ela reage com um sorriso. Neste momento ocorre algo da ordem do mito, um acontecimento estruturante: a criança se identifica com a imagem de si. Embora seja identificação com a imagem dela e não com ela mesma (é o caso do objeto-a acima descrito) essa identificação chamada de secundária pelos psicanalistas, permite que ela se reconheça e que ela se localize como terceira no espaço. Essa imagem adquire importância maior ainda porque os pais introduzem a criança na linguagem nomeando essa imagem como sendo ela. Ocorre aqui uma ambivalência estrutural: pelo resto da vida o ser humano tomará a imagem como sendo ele. Só a psicanálise faculta a descoberta de que o sujeito é além da imagem. Não há ninguém que ao ver-se no espelho não diga: "sou eu". Essa identificação Freud a nomeou narcisismo (dito primário), designação retirada ao mito do deus Narciso que se deleitou de tal modo na admiração da própria imagem refletida em água límpida de um riacho em que acabou se afogando.

As identificações imaginárias dos primeiros anos de vida são muito fortes e resistentes. Mito imortalizado na pintura, sobretudo por Caravaggio. Essas identificações oferecem forte barreira a mudanças e sobretudo ao trabalho da psicanálise. O sujeito se apega veementemente a essas imagens que estruturam seu ego, tomado como se fossem seu verdadeiro eu. Ao nos tomarmos por essas imagens nos fragilizamos demasiadamente. Em nossos dias, a paixão pelas selfies e facebook levou a um gozo narcíseo cada vez mais alienante.

Esse apego levado à existência tem efeitos deletérios: fraquejamos quando o outro critica ou ataca essas imagens: nós nos ofendemos e tendemos a atacar com ódio, agressões. Pura luta de prestígio, luta de egos, bater-de-frente. Empenho insano e inútil. Cada um de nós é infinitamente mais que imagem! O ego é feito de imagens como se fosse um fruto coberto de "cascas" (Lacan). Importa não tomar as cascas como sendo o sujeito.

Gravam-se outrossim etiquetas embora formuladas em palavra, com que os pais e parentes carimbam as crianças: "mau humorado igual ao avô", "bravo como o tio", "chorão", "agressivo", "preguiçoso"... Uma vez rotulada, a criança passa a se "vender" segundo a marca e a usa para "explorar" os pais. E, pior, não raro, toma-se pela etiqueta e molda-se a vida inteira por ela e acaba acessando a subjetividade própria. Passa a vida a cumprir a profecia que lhe foi imposta. Vide a poesia de Carlos Drummond: "Eu etiqueta": genial.

Porém, imagens são imagens, são produto do imaginário. Contudo se a imagem ou as imagens de si se imprimem como reconhecimento e acolhimento do infante, isso terá efeitos positivos, garantidores de uma relação narcísea sólida e construtiva.

## Relacionamento Conjugal e parental

Freud constata: "nada na vida psíquica pode se perder, nada daquilo que se formou desaparece".

Vem daí a extrema importância das intenções inconscientes e conscientes dos pais ao conceber um filho. Maud Mannoni, psicanalista francesa, dizia que isso contava mesmo antes de os pais se conhecerem. A criança já em tenra idade capta logo essas intenções e vai se comportar "encaixando-se" nas manifestações maternas e paternas dessas intenções. Costumo usar esse infográfico:

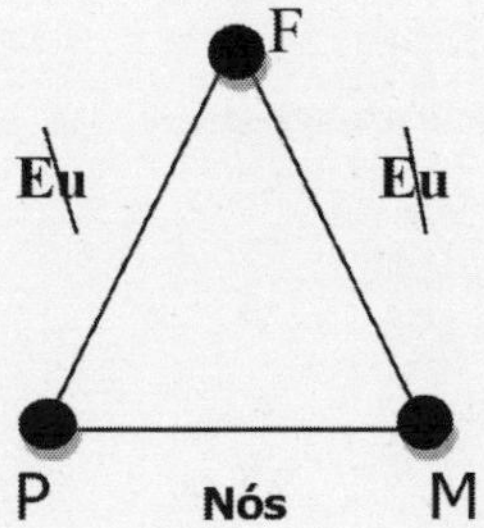


Esquema não é mais que um esquema. Algo que não existe na prática já que o que importa é pai e mãe se entenderem no projeto de ter filhos. Todavia podemos, preservada sempre a subjetividade de cada casal, pensar num propósito: como proporcionar ao filho ou à filha um desenvolvimento justo e respeitoso?

Justo no sentido de que é um direito de a criança ser balizada pelos pais para ir encontrando o caminho dela e respeitoso porque ela precisa ser ela e não cópia ou xerox dos pais. Não se pode propor um modelo para os pais educarem seus filhos. Isso seria tirar-lhes o direito de realizar seu ideal, seu desejo de paternidade e maternidade, seria muito ruim se a subjetividade matrimonial ou a parental fossem invadidas por conselhos ou receitas.

Esse esquema respeita essa consideração: formulo-o assim: quanto menos "eu" houver do lado do pai e do lado da mãe e quanto mais "nós" estiver na base do triângulo mais segura se sentirá a criança na constituição de sua subjetividade. Ao mesmo tempo isso facultará que a criança cresça equilateralmente se afastando da base (pai e mãe) na relação triangular. Quanto mais isósceles for a relação triangular melhor será para a criança descobrir-se e encontrar o caminho dela. Menina ou menino em crescendo, pode se distanciar dos pais de maneira equilibrada, sem proteção ou sedução de um dos progenitores, fatores esses tão prejudiciais à formação da subjetividade da criança.

O fato de os pais adotarem num respeito mútuo a mesma linguagem, a mesma postura na educação dos filhos: "seu pai e eu achamos"...

"sua mãe e eu decidimos"... é de grande ajuda para o crescimento tranquilo deles. Eles se sentem seguros. É muito bom para a formação subjetiva e moral das crianças que pais, embora com funções específicas, dividam o cuidado com a criança: fralda, mamadeira, banho, acomodar para dormir, alimentação... Mas isso tudo só produzirá efeito se mente e coração estiverem verdadeiramente dedicados à criança.

Completaria esse infográfico:

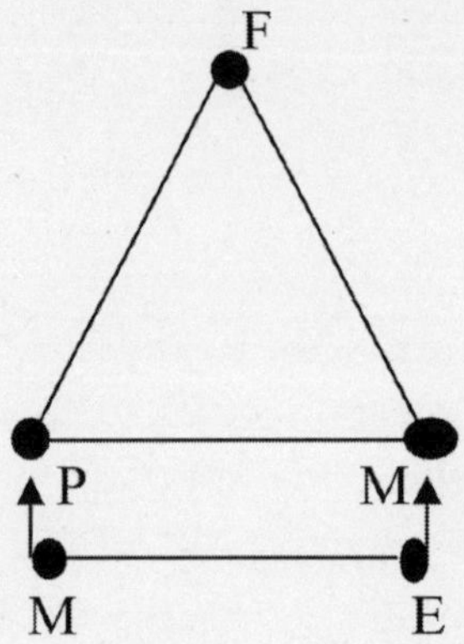


Embora hoje haja muitas formas de família, falo da composta de um homem e uma mulher que fizeram a opção de viverem juntos e ao mesmo tempo realizam o desejo de ter filho. Este infográfico acrescenta ao primeiro (pai e mãe) a relação chamada matrimonial (marido e esposa). São, portanto, duas estruturas: a primeira está selada por um pacto cujo objeto no direito são os corpos e o objetivo é a vida em comum e a segunda, é aquela que sustenta a parentalidade. Esta será temporária, durará até o/a filho/a conquistar sua independência afetiva e a econômico-financeira, e aquela, em princípio, seria permanente na construção da proposta matrimonial.

Costumo assinalar que essas relações marido x esposa, pai x mãe são profícuas quando vividas em respeito contínuo e mantidas, alimentadas separadamente.

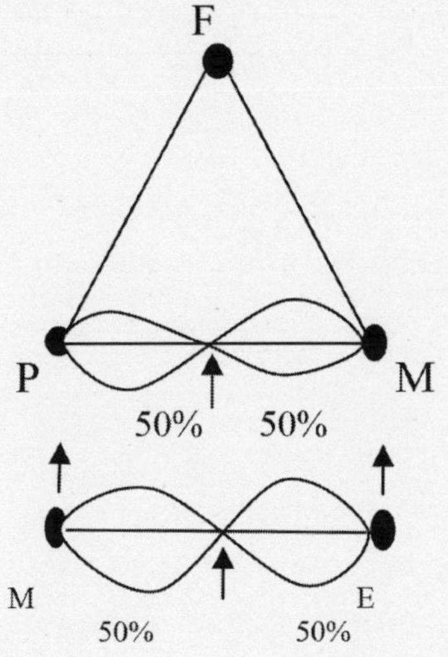


A vida do casal muda durante toda a existência: uma é a relação namoro-noivado, outra na coabitação e distribuições de tarefas domésticas, outra com a vinda do filho... E assim por diante. Nunca se conquista definitivamente um relacionamento ideal. Sempre, até a hora da morte, a "falta-para-ser" impele o casal a renovar o amor verdadeiro, aquele que se dedica ao outro sem esperar retorno. Esta relação não pode ser uma relação egoica, aquela desastrosa em que cada um está preocupado com a imagem que o outro faz dele ou dela. A verdadeira relação é aquela baseada no desejo inerente à aliança e honrada a cada momento onde ela se apresenta fragilizada por incontáveis surpresas da vida. Este propósito de construir uma família nunca está acabado, pronto. Caracteriza-se pela força perene da retomada da aliança. Ao colocar a porcentagem de 50% evidentemente estou a usar uma metáfora, uma idealização. A flecha no cruzamento das energias assim distribuídas indicaria um ponto de equilíbrio ideal, difícil de ser atingido, mas trabalhável. Porém, verdade é que o relacionamento de um casal ou mesmo parental corre perigo quando ele fica sem espaço de manobra subjetiva para uma das partes. Assim a figura:

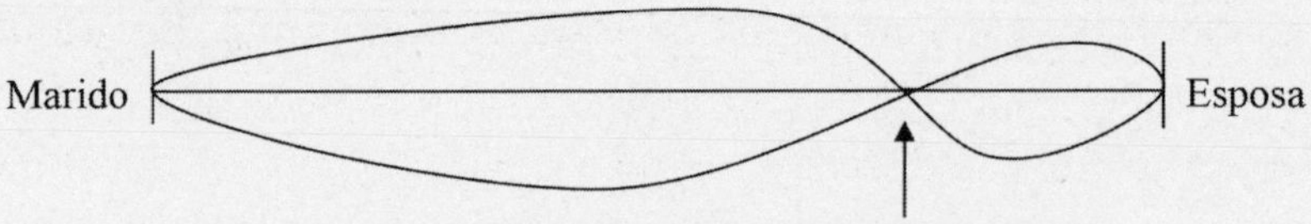


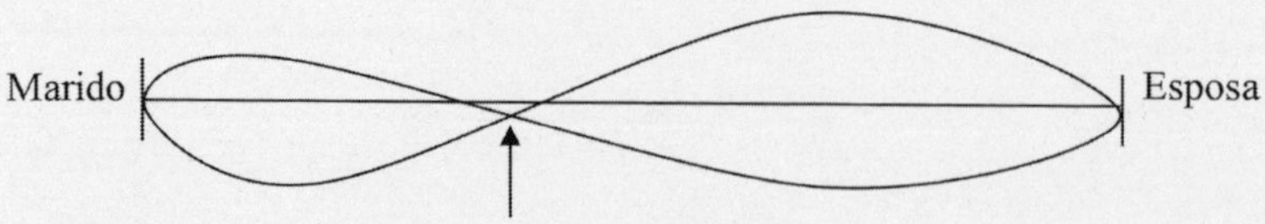


Esses dois modelos de vida conjugal certamente inviabilizam a partilha da vida como são obstáculos para uma relação sadia entre pais e filhos. Estes entram na trama desse pequeno espaço de manobra que sobra para a esposa ou sobra para o marido e jogam o pai contra a mãe e a mãe contra o pai. Este fator é deletério para a convivência familiar e péssimo modelo para o futuro conjugal dos filhos. Ficam marcados por esse desencontro.

Por isso, a tentativa contínua de praticar "a estética da renúncia" resulta numa convivência respeitosa e construtiva.

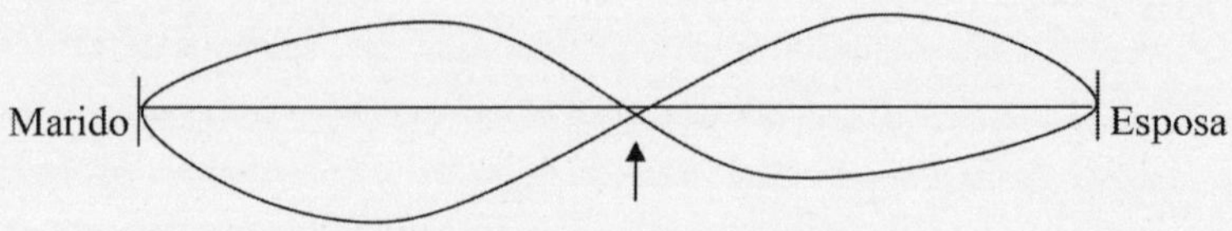


O despojamento egoico do casal cria uma abertura contínua para a necessária retomada de honrar o pacto. É preciso sempre descer do ego. Não há receitas nem protocolos, há um caminho ou vários, mas ao casal compete originalmente descobri-los. O fiel da balança centrado é fruto da "estética da renúncia". Renúncias que constroem vida, fazem da vida "uma obra de arte" (Fernando Pessoa). Nunca esperar padrões de fora, criar os próprios.

A vida se modifica dia a dia e nós, se a queremos viver maduramente, precisamos sempre criar o novo. Assim a vinda dos filhos altera radicalmente o relacionamento do casal: tudo se modifica em função do pimpolho, nada mais o casal fará sem levar em conta o filho.

Contudo, cabe aqui uma observação importante. O fato de o casal se transformar em pais não pode fazer que se esqueçam de que são marido e mulher. Trata-se de uma nova etapa no relacionamento conjugal, mas uma etapa que exige cuidado, que tem que ser criativa. Pais pós-modernos, atormentados por uma avalanche de informações ou mesmo palpites de parentes ou profissionais, esquecem-se de si e ambos passam a se dedicar exclusivamente ao filho. Ruim para o casal, pior ainda para o filho que, frágil, precisa dia a dia conquistar sua autonomia. Essa dedicação excessiva o retarda na vida, prolonga uma dependência que dificultará as passagens decisivas que tem que realizar aos cinco anos e na puberdade. Essa energia empregada desnecessariamente no filho pode ser canalizada ao cultivo da renovação do relacionamento conjugal. A vida é sempre lenta, tem seu ritmo, não dá pulo. Assim a construção do amor conjugal ou a do amor parental não se realizam em saltos ou grandes arroubos. A planta se revigora com o adubo adequado, a água necessária e a luz compatível.

É impossível viver o matrimônio sem conflitos, discussões ou desavenças. É sempre nossa "falta-para-ser" estrutural em ação. Mas um casal que assumiu seriamente a aliança e que SEMPRE coloca esse trato entre ambos, com certeza esse terceiro ponto, esse terceiro interposto, vai vida a fora derrubando obstáculos e fortificando o amor entre eles. Nada decidir fora da aliança. Esta é o Outro da aliança. É o que o ouro da aliança (anel) simboliza. Condenemos, se for o caso, o erro, a falha, jamais a pessoa, o cônjuge. Quando o casal não se mantem firme no pacto o casamento desliza para o afrontamento ou para o fracasso. Nada se resolve racionalmente na vida sem o terceiro interposto (aliança). Mesmo o relacionamento afetivo.

É fundamental que o casal que se uniu no propósito de construir a existência na mútua entrega, multiplique as pequenas atenções, gestos simples mas tocantes, um whatsapp que seja com o calor da lembrança... Não podemos nos iludir: o amor ou o alimentamos ou ele perece. O amor que constrói diariamente. A "falta-para-ser" jamais poderá ser preenchida. Por isso ela é preciosa. A aliança será sempre o terceiro ponto que garantirá a perseverança e a superação no amor.

O casal que assim não age corre perigo de se estranhar e não encontrar razão para continuar juntos quando os filhos se vão. Sobretudo se os filhos inconscientemente foram usados como bucha no relacionamento conjugal. Não foram poucos os casos de desencontro que fui encontrando em minha clínica e terminaram em separação. Por incrível, conheci um senhor que se separou aos oitenta anos, por incompatibilidade crescente e foi morar numa chácara. É preciso montar aos poucos um plano B para quando os filhos se vão.

Igualmente no que diz respeito ao filho. Nascendo ele sadio está equipado para vida autônoma: aos pais apenas balizar seus dias, suas passagens, e ele encontrará o caminho dele. A criança, a mais frágil das criaturas ao nascer, em tudo depende dos pais para sobreviver. Porém, como vimos, dormir, acordar, comer, funções fisiológicas... para tanto o organismo dela está provido. Precisa ser respeitada no ritmo dela. Ela irá assumindo as passagens na cadência de seu desenvolvimento.

Há dois extremos no relacionamento dos pais com a criança. Primeiro, os pais confundem "cuidado" com amor. Literalmente higienizam a criança e a proveem na alimentação e no sono. Segundo, os pais se derretem com a criança, desde cedo a seduzem e em vez de um relacionamento afetivo sadio, "melam" o contato com ela.

No primeiro caso essa frieza leva a criança a se sentir rejeitada ou incômoda, peso para os adultos. Simplesmente desamada, não reconhecida. No segundo caso, a criança fica travada nesse excesso de "melação" e não consegue dar passos na conquista de sua autonomia proporcional à idade. Em tudo, insegura, acredita que precisa do adulto para realizar as menores conquistas. Nesse início do século XXI, verificamos uma imaturidade crescente, sobretudo de homens. Recusam crescer, amadurecer. Prolongam a dependência dos pais, o mais que podem. Concluo com constatação clínica: a arte de ser pai, mais ainda de ser mãe, é ser **inútil** ao filho. Maduro ele para operar a passagem, eu pai, eu mãe, nos retiramos.

## Direito de ser criança

É violentação da criança expô-la a situações de estresse: fazer que responda a estímulos para os quais nem tem mielinização neuronal para tanto, luzes fortes, shoppings centers, jogo de futebol ou outros, restaurantes barulhentos, música estridente... O nenê, a criança não têm suporte neurológico e psíquico para enfrentar ambientes estressantes.

Exemplo: era comemoração de aniversário de um adulto em restaurante repleto e barulhento e som ligado: uma menina de seis anos dormindo no colo do pai e cabeça no colo da mãe, um garoto de 6, 7 anos correndo como louquinho entre as mesas e um nenê de 3 meses "urrando" desesperadamente, passando de colo em colo. Até que uma jovem senhora do grupo, não era a mãe, resolveu pegá-lo e levá-lo para o carro onde se acalmou no silêncio noturno da rua. A meu ver esses pais desrespeitam seus filhos. Essas crianças, sobretudo o nenê, deveriam estar dormindo desde às 19:00h. Pais egoístas obrigam as crianças a um sacrifício irracional quando deveria estar acontecendo o contrário uma vez que escolheram ter filhos. Não há possibilidade de ter filhos e não assumir renúncias que estão implicadas nessa escolha.

A criança não respeitada no direito de ser criança cresce nervosa, irrequieta, certamente uma candidata a psicotrópicos muito cedo em sua existência. Não consegue se concentrar nem focar sua energia, sempre inquietas inclusive no sono.

Outra questão importante: carregar no colo sempre que a criança reclama ou chora, balançar para fazê-la dormir ou se calar..., contar histórias com a finalidade de a enganar... Essas práticas geram dependências, sinônimos de neuroses ou manias. Mais uma vez, as funções fisiológicas são boas em si: o organismo está equipado para essas ações. Executadas autonomamente o alívio, a sensação de bem-estar são imediatos. Artificializá-las estando junto à criança ou com chantagens, com música, com contos, com carinhos especiais, roubam à criança o domínio e a experiência pessoal sobre elas... ela cresce dependente de manias ou condições especiais o que é o mesmo de dizer que acabam neuróticas desde seu nascimento. Nesse sentido, desde cedo importa que ela durma no quarto dela, leito conjugal é peça central da alcova do casal. Igualmente, não tem sentido em nossa civilização que a criança seja antecipada em curiosidade sobre o adulto, participando da vida privada dos pais ou tomando banho com eles. Existe uma maldade inconsciente nos pais que não respeitam a criança como criança e a seduzem a compartilhar experiências para as quais ela não tem maturidade física ou menos ainda psíquica. Por que angustiar a criança, por que a deixar ansiosa? A tendência hodierna de tratar a criança como se fosse adulta, rouba-lhe a paz, a alegria de ser criança. A criança tem o direito de ser criança, por que essa ânsia estúpida de tudo antecipar? Há muito tempo para ser adulto mais tarde.

Do outro lado na agitação dessa vida pós-moderna como preservar o ambiente familiar? A família é o núcleo da sociedade. O homem de amanhã será o que a família fez ou não fez dele. A família é o lugar de referência por excelência para a criança. É na família que ela surge e se faz sujeito. É a família que lhe imprimirá os valores materiais, morais e, sobretudo, lhe formará o caráter. Em seu superego portará os critérios de conduta que a família lhe forneceu. Repetindo: que queremos dizer quando afirmamos: "o cara teve berço"? Uma família onde marido e mulher se respeitam e se amam certamente será ancoradouro seguro para a criança se desenvolver. No amor e respeito por ela, ela se sentirá em amparo constante e tranquilo para seu crescimento. Lacan dava tanta importância à família para a formação do ser humano que chegou a escrever: "se não existisse a família era preciso inventá-la" (A Família). Frente à impotência absoluta do nenê, da criança, a família lhe é amparo indispensável.

Esse relacionamento será continuamente selado pelo carinho, pelas refeições em comum, pela participação de todos na ajuda e troca comunitária. Desde cedo a criança aprenderá dar conta de pequenas tarefas como guardar suas coisas (tênis, objetos escolares), colocar roupa suja no cesto, ajudar a pôr e tirar a mesa... A criança desde os albores de sua existência, aprenderá a levar em conta o outro: os bons modos, a civilidade são bálsamos que enriquecem a convivência e a tornam leve e respeitosa. Mas é preciso ensinar a criança, formar-lhe a consciência moral. Esse senso do outro contribui e muito para a harmonia subjetiva e familiar. O egoísmo será banido como algo pernicioso para si e para a comunidade. E a partilha será prática diária em tudo que se relacione à vida familiar. É fundamental para a formação do caráter e da moral da criança que ela saiba que nossa vida diária, nossa existência só são possíveis graças ao outro: energia elétrica, gás, água, supermercado, locomoção, comida, profissionais de toda ordem, sobretudo os que trabalham para a nossa vida andar... O senso do outro se constitui numa estrutura de fundamental importância para a convivência comunitária: o egoísmo é uma falta de caráter nojenta e ignorante. Pior, o egoísmo apequena e estreita a alma, entristece o coração, elimina o sentido de viver. Até mesmo na natureza: árvores, ar, plantas, animais, água, chuva, luz, calor, sombra, noite, dia... tudo foi criado e existe em função do outro. As árvores da floresta só existem porque alimentam uma a outra. A vida na Terra só é possível se nós nos alimentarmos de valores que preservam a natureza. Todos os entes são absolutamente interdependentes.

## A primeira crise: a fase fálica

O arco da vida informa que esta primeira crise ocorre entre 4 e 5 anos. De uma vez por toda ela pode ocorrer um pouco antes ou depois. É o psíquico que está em jogo e não o cronológico.

Esta crise é fundante para a subjetividade da menina ou do menino. Ela faz parte da planta básica do sujeito humano. Ela é determinada pelo discurso do pai e da mãe desde antes de a criança ser concebida.

O momento mesmo em que ela acontece nos escapa. É um instante mítico, uma marca definitória e definitiva da identidade sexual de cada ser humano, mulher ou homem. É por isso que Freud a chamou castração e castração por excelência, tanta é sua importância para o resto da vida. Uma "operação" psíquica irreversível e determinante para o resto de sua existência.

Todavia isso não impede de observarmos certos sintomas. "A psicanálise, escreve Lacan, revelou na criança pulsões genitais cujo apogeu se situa aos quatro anos... Elas constituem uma espécie de puberdade psicológica, prematura à fisiológica" (Família p. 45). Nota-se que a criança ao estar próxima dessa ocorrência se torna algo irrequieta, questionadora ou contestadora. No pico desta fase supondo sempre que a criança tenha toda a chance de ter sido respeitada em sua diferença sexual anatômica, pode-se notar uma sensualidade explicitada em declarações de amor. Menina: "pai, quando eu crescer eu vou me casar com você", "pai você é muito bonito..." Menino: "mãe, quando eu for grande você casa comigo?", "mãe, você é linda"... Isso é um sintoma que assinala uma feliz passagem pela castração heterossexual. Os pais, evidentemente acolhem o galanteio e incontinenti afirmam o pacto matrimonial deles e dirão com tranquilidade que o filho terá a mulher que ele escolher e a filha, o homem que ela amará. Há outras manifestações dessa crise: uma curiosidade aguda de conhecer a diferença dos órgãos sexuais. Não é incomum que menino peça à menina para abaixar a calcinha; curiosidade também na hora do banho. Muita curiosidade como cada qual era para a mãe quer na gravidez quer na amamentação. Quando esses fenômenos se acalmarem, cessarem mesmo, é sinal clínico de que a crise implantou a "escolha" definitiva da sexualidade subjetiva e ela cessa.

A ocorrência desse momento da castração, como disse, é um momento mítico. A etologia nos fornece um conceito que seria uma metáfora do que aqui ocorre: "o ponto crítico". Esse termo indica o momento em que a mãe animal (pata, vaca zebu, por exemplo) reconhece seu filho e o filho, a sua mãe. Esse reconhecimento seria logo após o picar do ovo e o nascimento do bezerro. Pata, vaca não abandonarão seu filhote e este "conhecerá" sempre sua mãe. O mesmo acontece com a galinha e seus pintinhos. E outras crias da natureza. Esse ponto chama-se crítico porque passado o momento próprio de cada espécie mãe e filho não se "reconhecerão" mais. O boiadeiro: "aquela vaca enjeitou o bezerro".

Assim também haveria um ponto crítico na existência da criança em relação ao pai (homem) e à mãe (mulher) em que uma marca, uma chancela, um "*imprinting*" no inconsciente, definitivamente a estrutura como sujeito em sua posição sexual e esta posição a balizará pelo resto de sua existência, sem possibilidade alguma de mudar esta "escolha".

É comum nesta fase a criança ter pesadelos noturnos cujo tema geral é sempre ela a se perder dos pais ou os pais a abandonarem. Antigamente era numa floresta, hoje em geral é num shopping ou numa manifestação popular. Excelente processo mental, ótima elaboração inconsciente dessa passagem da castração sexual. Se as anteriores, a castração da placenta, a do desmame, a dos esfíncteres, a da linguagem infantil, tiverem ocorrido de maneira feliz e consentânea ao amadurecimento físico e psíquico, esta estará amparada para decorrer também de modo sadio e tranquilo.

A castração dessa primeira crise consiste numa "escolha" inconsciente de um modo de encarar, viver e exercer a sexualidade. Trata-se de um processo inconsciente alimentado e sustentado pelo discurso dos pais sobre o corpo da criança, a relação com o corpo próprio dela e a maneira como ela foi introduzida na designação e assunção desse corpo em sua diferença nos quatro primeiros anos, segundo a cultura.

A sexualidade do ser humano diferentemente de instinto que é igual em cada espécie, passa-se no âmbito da palavra. "A lei do homem é a linguagem" (J. Lacan). É a palavra que assume o corpo e seus órgãos. É a palavra que introduz a marca da diferença de um corpo de mulher e um corpo de homem, um corpo de fêmea e um corpo de macho. Essa diferença não é invenção dos pais, ela é cultural em todos os povos e etnias. E esses corpos diferentes também são recebidos na cultura com marcas precisas: pênis, vagina, nome de mulher e nome de homem, roupas, costumes e hábitos... Não se trata de estereótipos, trata-se de designação dinâmica que impõe a assunção da diferença, ou, vice versa, que a diferença determina.

Esse momento preciso da "escolha" sexual Lacan chamou **sexuação**. Termo feliz por marcar a diferença radical entre sexualidade humana e instinto animal. Sexuação é um processamento ao longo dos cinco primeiros anos que termina num marco preciso e definitivo para cada ser humano. Portanto, não existe a possibilidade de haver duas sexuações iguais. A psicanálise é a única clínica do sofrimento humano que consegue vislumbrar esse mistério. Vem a propósito a frase profética de Lacan: "Cada ser humano é um mistério". Contudo ele é determinado pela maneira como os pais conviveram com a criança, sobretudo pela linguagem e pelo relacionamento afetivo que empregaram em relação aos 9 meses de gestação e aos 4 primeiros anos da criança. Isto quer dizer: a identidade sexual definitiva é uma resultante da fala, dos modos e das atitudes afetivas com que os pais trataram a criança. Melhor falar, da maneira com que respeitaram a criança e seu corpinho, do modo como nominaram a diferença. Essa passagem é definitiva, pois não há como voltar atrás, é uma mutação. Lacan a designou **posição,** posição sexual. Nada mais preciso. Essa posição é absolutamente subjetiva, exclusivamente própria a cada sujeito humano.

Passado esse "ponto crítico" da castração a pulsão sexual entra em dormência e vai ressurgir por volta de 12, 13 anos. Freud chama esse período: fase de latência.

Grosseiramente a psiquiatria, a psicologia falam de heterossexualidade, homossexualidade, transexualidade, mas isso além de ser uma generalização, não especifica o que é o sexo para cada sujeito humano. Assim, há uma escala infinda de heterossexuais, homossexuais, transexuais.

Cada sujeito humano ao ocupar um lugar nessa escala tem então aquilo que Lacan chama de **posição** sexual, uma estrutura própria e específica àquele sujeito. E é exatamente esta posição que a psicanálise descobre e ao mesmo tempo faculta que o sujeito se castre e viva em função dessa sexualidade que é só dele. Trata-se de uma estrutura imutável: quer no exercício futuro do sexo, quer na maneira de conviver com os semelhantes, quer no modo de pensar, agir, se relacionar, apreciar o belo e o bom, enfim viver... Essa característica acompanhará o sujeito em seu ser e em seu existir, em suas relações afetivas, na realização de suas potencialidades... Daí a afirmação de Lacan: "O ser sexuado não se autoriza mais do que por si mesmo" (Nomes-do-Pai). Simplesmente assim... simplesmente genial!!!

O ser humano é um ser moral, não há como fugir dessa responsabilidade ética já que é tocado pela pulsão e seu desejo. Ter um filho, educá-lo é de uma responsabilidade enorme. Essa determinação só pode vir assumida com toda a consciência.

O filho será sempre sintoma dos pais, ou seja, a causa de o filho ser desajustado, infeliz ou ser adequado à vida e às suas exigências, feliz, depende dos pais. Meus muitos anos de análise de pais me ensinaram o seguinte: sempre que os pais respeitam a diferença anatômica dos sexos, o filho, a filha crescem mais tranquilos. Isto quando pai e mãe atuam juntos dentro do princípio do respeito à criança. Quando digo juntos quero significar que pai e mãe se respeitam, um não desfaz do outro e ambos tratam a filha ou o filho de maneira o mais igual possível, sem sedução dele ou dela por parte do pai ou da mãe. A criança que pode contar com essa segurança na base triangular segue a vida e passa tranquilamente pela castração sexual. Ela terá uma posição sexual sem tribulações maiores uma vez que terá uma sexualidade conforme o real do corpo. A criança respeitada pelos pais, será um adulto tranquilo de ser ele, com prazer de ser ele.

Noto clinicamente que o mesmo não ocorre com pais desequilibrados, desrespeitosos. O menino que é seduzido pela mãe e essa mãe humilha o pai ou mesmo o despreza, com muita probabilidade acarretará uma sexuação homossexual.

Inversamente o mesmo se diga do pai que seduz a filha e despreza ou humilha a mãe em tudo, com probabilidade clínica induzirá uma sexuação homossexual à sua filha.

E o filho ou a filha transexual (disforia de gênero) é fruto de um desrespeito total ao real da diferença anatômica, senão vítima de uma sedução traiçoeira ou uma indiferença propositada. E isto, evidentemente, não é feito de má intenção ou maldosamente, supondo que os pais não sejam perversos. O sexo no ser humano é, pois, determinado pela linguagem e a sexuação passa pela sua representação simbólica. É isso que chamamos de identificação sexual, ocorrida por volta de 5 anos, sem possibilidade de mudança em sua estrutura.

Do ponto de vista clínico, nós psicanalistas que lidamos com o sofrimento humano constatamos: o sexo por ser da responsabilidade do sujeito e ser regido por leis, hábitos e costumes... sempre faz sofrer. Mas mais faz sofrer quanto mais se afasta da heterossexualidade, melhor falar, da conformidade com real da diferença anatômica, macho e fêmea. Essa probabilidade é uma constatação clínica atestada por Freud e por Lacan. Mas por se tratar de um ser humano fica sempre um mistério.

O sexo humano não sendo regido por instinto, isto é, pelo cio da fêmea, só pode ser feito dentro dos parâmetros da civilização em que o sujeito vive. O estupro e a perversão sexual, o assédio são três violações de grave consequência para os protagonistas. Com outras palavras, o sexo humano faz sofrer porque regido por limites que a Lei impõe, mas ao mesmo tempo, resguarda seu exercício.

Contudo quando encaramos o relacionamento homossexual o sofrimento é maior. O homossexual vive uma ambivalência permanente: é um homem, corpo de homem e seu desejo é de outro homem: "corpo de homem e cabeça de mulher" dizia Ronnie Von na TV. Neste desejo ele é movido pelo desejo feminino que "herdou" da mãe e o porta em sua mente. Como a mãe deseja o pai, especificamente o pênis do pai para se satisfazer, o filho, homem feito, será movido por desejo semelhante. O homossexual homem será sempre um homem apaixonado por pênis e uma mulher homo, terá a vagina como sua paixão. Essa desarmonia interna (homem com impulso feminino) faz o homossexual viver numa inquietude constante. A oscilação permanente dessa duplicidade interna dificulta-lhe muito se acertar de maneira permanente com um companheiro. A procura insana de pênis em banheiros públicos, a "caça", a sauna, o quarto escuro, a pegação e a curiosidade malsã de programas pornográficos na TV ou nas salas de bate-papo na internet, mergulham-no num vício tormentoso. Irrequietude, angústia de muita frustração e de sofrimento constante. Já é um sinal de desajuste e desequilíbrio se mostrar até mesmo em aplicativos específicos, é mesmo apelação pura de um desencontro pessoal e afetivo. Cessa a sublimação construtiva. Ermelindo Nardin imortalizou em sua pintura esse estado psíquico de inquietude de maneira veraz, penetrante como nenhum outro pintor. Mesmo Caravaggio.

A humanidade deve muito de suas obras civilizatórias, seja ciência, na arte, seja na literatura a homossexuais que foram verdadeiros luminares: Fernando Pessoa, Mozart, Shakespeare... e tantos outros que escolheram a sublimação como realização de sua existência e engrandecimento da humanidade. A sublimação da pulsão homo é uma saída existencial altamente realizante para o sujeito e, com sorte, para a humanidade. Em vez de "queimar" a pulsão no esgotamento do vício ela é transformada em obra de arte para a grandeza da humanidade.

O amor homo tem sua especificidade. É "Outro Amor" nos adverte Fernando Pessoa. E Foucault sugere que o que importa é dar à humanidade o testemunho desse "Outro Amor". Em vez disso muitos homossexuais abandonam esse testemunho e se instituem e vivem **imitando** os casais hetero. Até filho acabam adotando, o que nada tem a ver com o amor homo. Do mesmo modo não há porque misturar estruturas tão específicas de amar: nada de "meu marido", "minha mulher". Simplesmente, autenticamente "meu companheiro", para os homossexuais e "minha companheira", para as homossexuais: "meu parceiro", "minha parceira", "meu homófilo", "minha homófila". Numa entrevista com Thales Bretas, companheiro do falecido Paulo Gustavo de Barros numa faixa escrita ao pé da tela da TV, lia-se: "tento explicar para as crianças que papai Paulo virou uma estrelinha", dizia o marido. Nossa geração ignora quais serão as consequências no processo da identificação subjetiva dessas crianças. A imitação do amor hetero é fracasso certo do amor homo.

Se avançarmos um pouco mais, constatamos um sofrimento maior ainda quando o sujeito porta corpo de homem e a identidade sexual é feminina ou porta corpo de mulher e a identidade é masculina. E esse sofrimento pode chegar ao paroxismo quando, nesses tempos de espetacularização e mercantilismo, essas pessoas procuram hormônios e cirurgia para mudar a anatomia dos órgãos sexuais. Essa procura é pura satisfação imaginária. É uma fantasia psiquicamente perigosa e de um êxito cirúrgico canhestro. Na realidade esse tipo de cirurgia acaba sendo uma mutilação. Inútil! O corpo real era e continua ser o corpo da ambivalência. Isto é o real. A mudança cirúrgica pode mudar certa anatomia, mas o real da origem continua intocável. Isto pode ter graves consequências: decepção, depressão, senão patologias mais graves.

A psicanálise tem uma certeza clínica: o normal e o anormal dependem da castração (Lacan). Ora tanto a perversão ou a violência do heterossexual (estupro) como a procura insaciável do homossexual da esbornia peniana, como, sobretudo, a procura da transformação da genitoplastia só aumentam o sofrimento. Por quê? Simplesmente porque não passam de fuga do real dos corpos, do real da desarmonia da sexuação que cada um porta. A genitoplastia é uma realização puramente imaginária e o pós-cirúrgico será sempre dramático ou trágico, o paciente cedo dará conta de que tem um corpo alterado, mas inautêntico. O imaginário, o ego se esfarelam. A castração no caso, única garantia de uma paz interior possível é se render ao fato que o corpo não acompanha a identificação sexual.

Essa fuga do real é fuga da castração e quanto mais subterfúgio para a driblar, maior sofrimento. A modificação do real do corpo não é solução para o real da castração, é apenas satisfação de um engodo imaginário. Não é à toa que tantos se suicidam. A cirurgia dos órgãos sexuais, como a bariátrica e muitas cirurgias plásticas são ilusão imaginária e resultam em frustração perigosa porque são praticadas para satisfazer o imaginário do paciente e do médico. Quando o paciente logo mais cai no real, o imaginário se desfaz e aí tudo pode ocorrer.

Voltemos à primeira crise. Vejam os pais que não se brinca com a diferença anatômica dos sexos. Repito, Freud dizia: a anatomia é a direção. Será sempre a direção, mesmo que o passaporte venha assinalado com um x.

Em nossos dias, dias de identidades "líquidas", há pais, melhor falar, mães que a título de não querer interferir na escolha sexual de seu filho o vestem com roupas femininas e masculinas e o incitam a usar batom, maquiagem... Além de expor seu filho à chacota, não percebem que o manipulam desrespeitosamente impondo-lhe tal direcionamento da pulsão: paradoxalmente, não permitem que ele escolha a própria identidade. Chega-se mesmo à tentativa ilusória de modificar a língua portuguesa: "amigue", "bonite"... Como se fossem indiferentes a diferença anatômica e as manifestações das pulsões sexuais. Quando elas veem e não tem jeito de as impedir, elas suscitam inapelavelmente uma resposta. E aí "amigue", "bonite" aparecem como pura fantasia. Na base, no real não tem como fugir a macho e a fêmea. A sexualidade humana é sofrida. Na natureza tudo se passa de maneira tranquilamente anatômica e fisiológica. Macho e fêmea nos animais, nas plantas, nas flores... A sexualidade humana é realmente complicada senão conflituosa.

Nessa manipulação há ignorância de uma questão fundamental: a pulsão é plástica, são essencialmente os pais que a moldam, a encaminham. Assim agindo os pais impõem ao filho a indecisão como escolha o que é simplesmente esquizofrenizante. Isso coloca a criança numa posição fora do real do corpo e fora do real que há nas escolhas e nas identificações femininas e masculinas. Essa seria uma criança não castrada pois o pai para ela está cortado da função fálica já que é a ele que compete a marca e a função da diferença. Essa criança terá uma sexuação indefinida e uma posição sexual necessariamente conflituosa ao se deparar com o real. Enfim, não assiste aos pais o direito de fazer de seu filho um experimento fora da aliança ou da ordenação da cultura. A meu ver, clinicamente falando, grande sofrimento à vista.

A psicanálise se rende diante das diferentes formas de posição sexual e sua função é acolher o sofrimento que daí resulta, mas com uma certeza: só a castração pode aliviá-lo. E a castração só opera mediante o real. O imaginário multiplica sofrimento. O real assumido produz paz.

Concluindo: Esta primeira crise da existência é de fundamental importância para as duas outras crises e para a vida. As duas outras serão retomadas a partir dela e os ajustes e resoluções delas serão efetuadas segundo a planta básica da primeira.

Tudo corre de maneira tranquila quando os pais respeitam seus filhos e os amparam nos ritos de passagem que o desenvolvimento e a cultura exigem. Os pais amam verdadeiramente seus filhos quando, a cada passagem dos filhos, eles se retiram e se declaram inúteis. A verdadeira mãe e o verdadeiro pai sabem ser inúteis aos filhos na hora certa.

Enfim uma consideração importante para a formação do caráter da criança: se a sexuação não é uma "escolha" consciente, não é um desejo ou uma vontade conscientes, e, sim, uma "escolha" inconsciente induzida ou imposta pela educação, ela é um campo excelente a fim de abrir a mente e o coração da criança para respeitar as diferenças. É muito dolorido para um hetero não muito definido, para um homo e mais ainda para um trans, sofrer bullying por uma identidade sexual que não pediu para ter. Além de preconceituoso trata-se de uma clara injustiça senão injúria. Como o ser humano é ser no simbólico e a identificação e a vivência sexual dele são essencialmente simbólicas, passam-se na mente, trata-se de um terreno fértil para ensinar a criança a conviver com as diferenças já que a posição sexual é uma das marcas mais profundas delas: homem, mulher, homo, trans... Em contraponto, importa encaminhar a pulsão para longe da perversão e da violência. O relacionamento sexual é uma realização benéfica, apaziguadora, de muita satisfação desde que executada no consentimento e no respeito mútuo. O sexo é um dos tantos bens (mais intensos!) do corpo próprio... e da alma ("hors corps"... "iletrável", Lacan). Clinicamente certo:... Quem sexualmente está bem, está tranquilo, bem consigo. Não precisa de apelação, propaganda parada, provocação ou... menos ainda de orgulho!!). Freud chega a escrever que "o orgasmo é o melhor sonífero". Mas o perverso que se move no gozo da transgressão, na "vontade de gozo", regozija-se diabolicamente em desrespeitar e violar sua vítima. E no desrespeito ao outro, manipula o outro, faz o outro sofrer e se regozija na maldade, regozija-se com o sofrimento que impõe ao outro. Infelizmente, dada a sexuação simbólica do ser humano, o sadismo ou masoquismo podem ser tristes e funestos destinos da pulsão equivocamente castrada na primeira crise da existência.

## Fase da Latência

É muito curioso como a sexualidade humana se desenvolve. Ela tem essa florescência por volta dos cinco anos e em seguida ela mergulha num tempo que Freud chamou latência. Esse período se estende por 6, 7 ou 8 anos. Os psicólogos denominam essa fase a segunda infância. Os psicanalistas a valorizam muito. A energia humana está livre das solicitações sexuais, está à disposição da criança para ser encaminhada para fins altamente benéficos em ordem à sublimação, à inserção na cultura.

É nesse tempo que a criança parte para a vida... para a libertação de pai e mãe. Ela sai do âmbito da família e inicia a conquista de um novo espaço. Não só geográfico (a escola, o meio ambiente) mas mais que isso: o convívio em comunidade. Ela aprende o viver em grupo, a conhecer outras crianças, a conviver com as diferenças, pessoas, hábitos, costumes... Ela se dá conta de que os pais das/dos colegas não são iguais aos seus.

Época benfazeja: os psicanalistas dizem: a criança quando respeitada como criança se apropria do grande Outro. Essa apropriação é imaginária: imitam a mãe, o pai, a professora, vestem roupas, calçados dos pais, os imitam, fazem o jogo de faz de conta, apropriam-se dos personagens de época, Superman, Homem Aranha, Capitão América, caciques... Bela Adormecida, Branca de Neve, rainhas... Brincam de casinha, montam tendas, constroem fazendas, moradias, florestas, rios, montanhas... Apropriam-se simbolicamente da função de pai, da função de mãe... embalam suas bonecas ou os meninos se fazem pilotos aviadores ou astronautas, constroem casinhas, castelos, cidades... Exibem-se escondendo para serem achados... e a alegria gostosa de serem reconhecidos quando descobertos. Essa conquista simbólica de personagens, façanhas e funções é de grande valor para a pesquisa, a escrita literária, a criatividade nos anos vindouros, sobretudo na maturidade.

Quanto mais brincam em tempo de latência mais ricos psiquicamente estarão em época de desempenho, trabalho e criatividade. Aprender brincar sozinho e em grupo garante a desenvoltura social e profissional em etapas posteriores.

Tendo em vista a importância dessa fase para a construção da subjetividade da criança, os pais precisam cuidar de maneira especial do uso dos aparelhos eletrônicos. Quanto mais retardarem e restringirem o uso deles mais colaboram para que seus filhos tenham uma infância sadia e criativa. Quanto mais resguardamos a infância dos filhos, mais saudável física e psiquicamente serão amanhã. A infância precisa ser vivida como infância, é necessário defendê-la. Nada de queimar etapas antecipando coisas que não são de crianças. Nesse mundo de invasão da privacidade e da busca desenfreada da visibilidade com maior razão e justeza importa preservar a infância: a criança necessita criar sua intimidade subjetiva, adquirir seu "*modus vivendi*" guiado por um superego ordenador e tranquilizador. Os eletrônicos padecem de um paradoxo estrutural. Bom para pesquisa e mesmo rico de múltiplas conexões. Mas isolam os usuários e jogos em comum desenvolvem a competição, os grupos são seletivos e sustentam as diferenças em vez de as superar.

Alimentam a psicologia de grupo, alienam os sujeitos no ego coletivo. Os eletrônicos podem não fomentar a união dos usuários na solução dos problemas comunitários. Os eletrônicos isolam os que deles se servem, afastando-os do contato pulsante com os seres humanos e do contato com a natureza; campos, plantações frutíferas, rios, mata, montanhas e afastam-se da luta pela preservação do meio ambiente integral. O contato com a natureza, sua fauna e flora e o anseio por sua preservação colocam a criança num ideal de vigilância e sustentação que será riqueza inestimável na presença dela no mundo.

Além disso há um fator importante. Brincar em eletrônicos é vida sedentária. Nessa fase da vida a criança precisa experimentar as habilidades de seu corpo: correr, jogar bola, subir em árvores, construir cabanas, brincar de esconde-esconde e outros jogos coletivos, nadar, conviver com os colegas, viver heróis, imitar o adulto, simular piloto, motorista, pai, mãe, família... Despertar o gosto da leitura, propiciar a alegria de viver, de sonhar, de conquistar a vida... É no fim da primeira infância e na segunda que esse gosto pela leitura deve ser implantado. A curiosidade por imagens estabelece pouca consistência. Imagens são visuais, ficções, portanto da ordem do imaginário. A leitura não, ela é da ordem do real. Ela tem a consistência da palavra escrita. As imagens são passageiras, o escrito é permanente. Todo o patrimônio cultural do universo, científico, filosófico, religioso, literário é da ordem do escrito. Quando a criança se encanta pela leitura é um enriquecimento inestimável para sua existência. Hoje temos uma abundância de escritos adequados às idades. Quanto mais favorecermos essa via menos as crianças ou jovens ficam dominados pela superficialidade, sobretudo a das imagens, face-book, instagram, twitter... Além disso, vão se apaixonando pelos grandes autores nacionais e estrangeiros, obras gigantescas que nos ensinam a compreender o ser humano, suas paixões, suas misérias, suas façanhas e suas obras... Despertamos as crianças desde cedo a montar a biblioteca delas e mais, o amor para a cultura e a erudição. Por fim, a leitura leva a criança à concentração, à curiosidade, à profundidade, à descoberta, à criatividade, ao novo. Ao passo que o mundo das imagens a arrasta ao virtual, ao supérfluo, ao passageiro, à inquietude. A busca insaciável por imagens.

Nesta fase de pré-puberdade, rica em imaginação, poder-se-ia pensar numa sugestão de leitura. O Livro do Êxodo, da bíblia, tirando a parte sacerdotal, é de uma grande riqueza para a formação do caráter do ser humano e de sua convivência. Crente ou ateu, a leitura do livro do primeiro pacto entre Deus e o povo israelita abre horizontes de uma vida construtiva e possivelmente feliz. No novo testamento, segunda manifestação de Deus, as parábolas e ditos de Jesus avançam mais ainda no projeto de uma existência consistente e frutífera. Jesus centraliza sua proposta num mandato de 620 anos antes dele: "ame seu próximo como a si mesmo"... "O migrante será para vocês um concidadão: "Você o amará como a si mesmo" (Lev. 19: 8 e 34). Para despertar: o grito de socorro do papa Francisco para salvar a "casa comum" dos desflorestamentos, das queimadas, da poluição, da voracidade de alguns poucos predadores a gerar fome e miséria de tantos outros: *Laudato Sì*.

A leitura das fábulas de Esopo, as de La Fontaine, contos de Machado de Assis, de Edgard A. Poe e outros podem enriquecer frutiferamente a imaginação, a formação do caráter do pré-adolescente ou do adolescente. Lançam base para a ficção e a criatividade da escrita na idade adulta.

Outro patrimônio da humanidade ou, melhor do humano, é a música. Ela sempre esteve presente nas civilizações desde os albores da vida humana. Temos hoje o acúmulo de uma riqueza imensa. E nós, brasileiros, possuímos afortunadamente essa dádiva. A música também é da ordem da escrita, a partitura garante o selo da obra de arte, a permanência. Toda criança se encanta com a música, mas algumas têm o dom dela. Aos pais o dever de não deixar embotar a fonte dessa riqueza. A música sem dúvida alguma é um dom humano por excelência. Ela é da ordem do simbólico, do belo, faz parte do específico humano. A música encanta, alegra, traz leveza ao espírito, à vida, consegue, como a poesia, expressar o que não alcançamos em nossa limitação. Ao entrar pelos nossos ouvidos, eleva nosso cérebro e mesmo nosso corpo à sutileza do espírito. A música dá significação à nossa existência, traz alívio na hora certa, conforta a vida, ampara nosso caminho por esse mundo afora. E o povo não tem razão? ... "Quem canta seus males espanta".

Outro específico ao humano: a arte, pintura ou escultura. A ronda noturna de Rembrandt, a Capela Sistina de Michelangelo, Monalisa de Leonardo Da Vinci... Moisés e as tábuas da Lei, Santa Tereza em transe, Davi... quem não fica em êxtase diante de tanta beleza? No Brasil a arte pictórica de Ermelindo Nardin: os conflitos da mente estampados de maneira trágica e admirável, nessa mutação universal do mundo hodierno, sobretudo o sofrimento dos conflitos sexuais nesse momento de compromissos soltos.

Os grandes pensadores, os filósofos sobretudo aqueles que ajudaram a humanidade avançar rumo à democracia, aqueles que combateram a desigualdade e iluminaram os caminhos da convivência humana para o respeito mútuo, a liberdade, o combate à fome e à ignorância, à injustiça.

Não quero encerrar essa lista resumida das grandezas humanas sem mencionar a arte cinematográfica e também a televisão e a internet. Hoje a humanidade detêm um tesouro vasto de filmes que estampam a luta, as dores, os fracassos e os sucessos do ser humano: filmes educativos, filmes de solidariedade, filmes sobre a ecologia: floresta, rios, animais, recuperação da natureza, limpeza do mar, fontes... Fonte de enriquecimento psíquico e elucidação civilizatória e cultural. Cinema é arte!

Enfim, conduzir nossos filhos desde a primeira infância à preservação de nossa "casa comum", à convivência com a natureza e com todos os seres humanos em pé de igualdade de direitos e deveres, é um compromisso inalienável da educação.

É fundamental para a civilização humana que a geração montante cresça admirando as mulheres, os homens e os povos que fizeram os seres humanos avançarem na cultura, na ciência, na arte e, sobretudo, na convivência das nações e dos povos[8].

---

[8] Uma observação sobre a criança genial. Se supuséssemos 105 como quociente de inteligência "normal", tudo o que estivesse acima seria tido como inteligência acima da média. Este quociente pode variar muito até termos crianças excepcionalmente inteligentes que denominamos geniais.

Leopold Mozart era músico e professor de música. Percebeu cedo que a filha Maria Anna ("Nannerl") tinha pendores para a música. Fez uma série de composições musicais com dificuldade crescente para desenvolver sua capacidade musical. Percebeu logo também que seu caçula, Wolfgang, era tão ou mais dotado que a irmã. Aproveitou as composições que fizera para Nennerl e o introduziu na arte musical. Aos cinco anos ele compôs sua primeira música.

Filha de uma agente imobiliária, 4 anos apenas, faz quase todas as operações básicas em matemática.

Nessa passagem histórica de gerações "sem memória" é muito importante que se transmita à criança e mesmo ao adolescente o histórico da saga familiar, as lutas, percalços e vitórias que forraram os caminhos que conduziram à chegada da geração atual. Como viveram os antepassados, que hábitos tinham, que pensavam, que "filosofia' de vida, que fé os sustentaram. Que legado material ou espiritual deixaram aos pósteros? Faz sentido a continuidade dessa saga familiar: assumir o bastão para fazer história na construção do mundo de hoje. Visitar o túmulo da família é descobrir-se na linha do tempo: "estou aqui onde você estará amanhã". Implicar a criança ou adolescente nessa aventura inspira-lhes a responsabilidade de existir.

---

Os pais logo adquirem consciência de que a filha, o filho apresenta comportamento, raciocínios, juízos, aprendizagem além do esperado.

Uma filha, um filho assim superdotada/o requer cuidado especial. A escola, a Universidade pautam seu ensino pela média. Este ensino lhe é fácil demais. Então é preciso que os pais procurem um/uma orientador/a pedagógico/a para aviar a sobra de inteligência com exercícios, leituras, estudos extra, preferivelmente respeitando a escolha, a tendência do/a orientando/a. Isto é urgente. Caso contrário, a criança, o/a jovem perdem o interesse pelo estudo, se entediam com a existência, podem perder o sentido de viver. O uso da droga na puberdade, pode se apresentar como um horizonte catastrófico. Além do mais, quando não encaminhado/a uma perda lamentável, irreparável para si e para a Humanidade. Todo avanço da cultura, da civilização sempre teve e tem um gênio que o inventou e o sustentou. Quanto ao gênio importa que ela ou ele jamais se pense melhor que outros. O que ele ou ela possui a mais não é mérito dele ou dela. Puro dom genético da natureza. E mais: importa sim, que esse gênio frutifique em bem da comunidade humana.

# Puberdade

A segunda crise da existência humana é a mais longa das três.

Ela, cada vez mais, está se antecipando. Inicia com transformação hormonal bem visível: broto do seio nas meninas, pelificação pubiana, axial... De um dia para outro a menstruação e a primeira ejaculação. Os jovens estão bem advertidos de que essas funções fisiológicas vão acontecer. Mas, outra coisa é passar pela experiência... que não é igual em ninguém. A menina menstruada aos nove anos: "Mamãe, eu sou muito nova para menstruar; eu ainda gosto de brincar com minhas bonecas". Por mais informações que nossos jovens possuam, o efeito dessa passagem, melhor, desse "rito" de passagem, será sempre marcante.

Não se trata de uma mudança, trata-se de uma mutação. Não há possibilidade de voltar atrás. Definitivamente é daí para a frente. Nesse mundo de pós-modernidade liquefeita tanto meninas como meninos não titubeiam de postar na internet o acontecido.

Contudo, aprofundemos a passagem. Essa crise se prolonga por 5 ou 6 anos. É toda uma transformação biológica, corpo de menina a caminho de um corpo de mulher adulta e corpo de menino a se fazer corpo de homem.

Esta crise retoma a primeira crise, a identificação sexual sobretudo. Impõe ao adolescente o assumir os movimentos ou excitações sexuais que vêm com as marcas da sexuação ocorrida no ponto crítico da primeira crise por volta dos 5 anos. A sexualidade humana é essencialmente psíquica. Mas ela interage com o movimento hormonal.

O adolescente estruturado segundo sua posição sexual reage conforme essa estrutura e, muito cedo, confronta outras posições sexuais que percebe bem como não sendo a sua. Não há possibilidade de não haver conflito interno: seja no assumir seus impulsos que não tinha antes, seja em confrontá-los. O outro, pela presença, pela postura o interroga ou o provoca em seu desejo sexual. Antes amigos de brinquedos agora objetos de desejo.

Durante a adolescência, se a castração foi hetero, há um sintoma que confirma essa identidade: a filha repele aos abraços e afagos mais calorosos do pai e o mesmo ocorre do lado do filho para com a mãe. Na efervescência da crise pubertária o pai vira homem para ela e a mãe mulher para ele. O sintoma é a presença da lei do incesto.

Esse corpo que menstruou e o que ejaculou vão lentamente se transformar num corpo adulto. Essa transformação implica em algo nada fácil para o adolescente: adquirir um novo esquema corporal. Trata-se de um processo lento, penoso e às vezes até desastroso: adaptar seus movimentos, seus gestos, suas articulações ao lento crescimento do tronco e dos membros, sobretudo os superiores. Nessa conquista há sempre uma insegurança no agir que acaba provocando pequenos acidentes. O esquema mental do corpo não acompanha o esquema biológico ou fisiológico. O adolescente derruba copo, choca-se contra móveis ou objetos, desloca-se nem sempre com equilíbrio, machuca-se ou corta-se ao usar instrumentos ou manejar faca...

É muito ruim e injusto que os pais rotulem esses desencontros corporais: "mão mole", "preste atenção, desligado", "desastroso", "está com a mente na lua"... As palavras são perigosas, sobretudo na mutação da puberdade... o filho pode "comprá-las" e "revender" o produto para os pais. Incrível, mas podem tirar "proveito" da etiqueta injusta! Os pais se esquecem que um dia passaram por essa crise e mais ou menos tiveram problemas semelhantes.

Do ponto de vista psíquico as transformações ou perturbações são talvez bem mais ostensivas senão radicais. À medida que vão crescendo os adolescentes tomam consciência de que estão a caminho de ser um adulto e, sobretudo nas antecipações generalizadas dessa pós-modernidade, ele ou ela começam ousar: ousar nas palavras, nas atitudes, nos atos, no comportamento e na maneira de pensar... Arriscam sempre que as oportunidades os desafiam. Passam a enfrentar os pais, os adultos: são do "contra". Protestam em tudo que podem. Discutem com os pais. Contestam os valores em que foram criados e defendem uma posição que mexe com os pais, os professores, os adultos em geral. "Mãe, não acredito mais em Deus. Pai, não quero mais religião em minha vida. Não acredito nisso", "político é canalha", "democracia é enganação" ...

Foi à primeira comunhão do irmão porque os pais pediram, mas durante a cerimônia ficou calada, não orou e não participou de nenhum rito.

Essa contestação é tão própria à crise adolescente que o presidente da Organização Mundial de Saúde, Dr. Tedor, se viu na obrigação de advertir os jovens sobre o perigo da Covid 19: "*You are not invincible*" "Vocês não são invencíveis", pois nadavam na ilusão de que só os idosos estavam em risco. E de fato na segunda onda da Covid 19 eles foram drasticamente afetados.

A escada de valores dos pais será posta à prova: religião, família, relacionamento amoroso, sexo, amizade, negócios, política... Nada escapa... O adolescente atual vive sob uma pressão social muito intensa: face-book, instagram... sem falar que os "bandos" continuam como sempre, mas agora de tirar o fôlego: o "grupo" whatsapp tilintando 24 horas.

Além disso, os joguinhos em grupo fascinam: os jovens esquecem do dever, do relacionamento familiar, de si e dos outros. Aliás, esse é o grande problema no relacionamento humano atual: a comunicação virtual conecta mensagens, mas não as pessoas. O relacionamento virtual é uma relação paranoica, totalmente imaginária, não há mais corpo a corpo, olho no olho. Ela é persecutória.

Penso que os pais não têm que temer as transformações sociais e individuais. Eles têm que acreditar na capacidade criativa deles. Não há possibilidade de ser humano sem renúncia. A pulsão tem que ter direcionamento, tem que procurar caminhos sublimatórios. Não pode ficar solta no imaginário virtual, pois obra alguma produzirá. O gozo virtual sem freio é tão estéril como qualquer outro gozo solto, fora da lei. Conduzir a educação de filho hoje supõe que pai e mãe consigam orientar seus filhos para uso sadio, útil e equilibrado dos recursos da internet.

A Covid 19 provou largamente que a comunicação virtual pouco socializa. A criança, o adolescente, o jovem e o adulto precisam do outro, do grupo em presença para produzir o efeito civilizatório da subjetividade e da convivência humana. Nunca, desde a invenção da internet, 1980, se usou tanto a comunicação virtual e, no entanto, "as saudades" da convivência diária na escola provaram que ela é efetiva e eficaz para o desenvolvimento humano. Tristeza, depressão, desânimo, desistência de estudar ou mesmo de viver, foram perturbações que se espalharam mundo afora, acompanhando a devastação do vírus.

A ausência da escola presencial para todas as idades do crescimento humano prejudicou as crianças menos em questão de conhecimento quanto o mal que produziu do ponto de vista psíquico e social. Uma perda irrecuperável. Isto prova que a restrição no uso de eletrônicos é caminho certo na educação dos filhos.

## Fases da Adolescência

Sérgio Kodato da USP – Ribeirão Preto, distingue 3 etapas no desenvolvimento da adolescência: anomia, heteronomia e autonomia. Essa distinção é psicológica. Se a retomarmos em termos psicanalíticos arriscaria a seguinte leitura.

Logo após a irrupção fisiológica da puberdade (menstruação e ejaculação) a/o adolescente como acima vimos apresenta uma erupção de independência de normas e leis. Tudo questiona e em tudo quer saber qual é a razão da obrigação, da norma ou da lei. Essa anomia estará presente em todos jovens, mas em nenhum igual a outro, como não terá a mesma intensidade. Essa protestação é um acontecimento venturoso... Sinal de que o rito de passagem está sendo assumido pelo adolescente, está se sentindo "gente"! Está tentando se posicionar perante a vida.

Sempre convido os pais a assistirem de camarote toda essa "arrogância adolescente"... Que não sejam tolos de bater de frente ou re-contestar seus filhos, muito menos humilhá-los ou os desafiar. Nada a temer: as pilastras da planta básica da primeira infância suportarão o vendaval da crise e tudo se recomporá segundo a semeadura dos 5 primeiros anos.

Essa fase da anomia cede tanto mais rápido quanto os pais não baterem de frente. Depois a própria organização da vida cotidiana, em tempo e em espaço, a atitude determinada dos pais, os deveres diários, o ritmo circadiano acaba colaborando para o amadurecimento desta fase.

## Relacionamento com adolescentes

Existem três atitudes dos pais que podem ajudar em muito seus filhos na crise da puberdade. Primeira, a serenidade de pai e mãe diante das oscilações hormonais e humorais de seus filhos. Essa tranquilidade comunica a eles uma segurança frugífera: os filhos ficam menos instáveis embora embalados nas ondulações pubertárias. Irritam-se menos e se acalmam mais rapidamente, e aceitando que não há como fugir da crise e nem como pará-la ou acelerá-la. Ela, como disse, é própria a cada um e cada um tem seu tempo.

Outro segredo, como acima afirmei: nunca bater de frente com o adolescente; aliás, essa atitude sempre é inútil na convivência humana. Contudo, o adolescente em plena instabilidade afetiva é particularmente sensível à maneira como o adulto reage aos fenômenos de seu rompante. O bater-de-frente leva-o a sentir-se incompreendido, não reconhecido e mesmo rejeitado. Esses sentimentos o colocam numa posição de desamor e como está em crise de identidade é a ele mesmo que se vê desencontrado. Ele pode ficar com um imaginário envenenado pelo ódio ou ressentimento.

O bater-de-frente é também desastroso sobretudo em dias de hoje em que a criança, o adolescente se sentem mais livres e à vontade com os pais. Bater-de-frente cria uma situação de nivelamento entre pai e filho e isso é muito angustiante para o filho: constatar que o pai ou a mãe sai de sua posição de autoridade. O bater-de-frente cria uma relação de força, semelhante à luta de prestígio entre o senhor e o escravo. O bater-de-frente pode gerar dimensões perigosas onde pais e filhos: podem chegar a vias de fato. Não se trata de medir forças, trata-se de achar caminhos, criar soluções para os impasses da vida diária.

Esse enfrentamento facilmente conduz àquilo que os psicanalistas chamam de passagem ao ato. Os pais jamais devem desafiar seus filhos sobretudo adolescentes. Não tendo eles ainda o uso sereno da razão, sob investidas impulsivas, eles podem praticar ações perigosas senão fatais. A uma adolescente que o pai jamais amou: "por que você não se mata"? Ela não teve dúvida, lançou-se janela abaixo. Suicídio de adolescente não é, infelizmente, coisa tão rara. O adolescente parece um ser forte quando contesta, mas na realidade a fragilidade psíquica da crise escancara-se aí real e sensível. O adolescente facilmente sente-se em estado de abandono. E sua sensibilidade desliza em mágoa e ressentimentos que sente como trágicos. Quando não se veem compreendidos choram facilmente ou, não reconhecidos, amofinam-se.

Outra reflexão importante: nesse período, com tantas questões e questionamentos passando pela cabeça do adolescente, é esperado que ele tenha rendimento menor no estudo. Nada a estranhar. É mais um sintoma da passagem da crise. Evidentemente os pais tolerarão o surgimento desse fenômeno. Menos ainda criarão problema ao filho adolescente por causa disso. O que importa é que ele dê conta da tarefa. Uma nota a mais ou a menos pouco importa.

É comum também outro traço da adolescência: os adolescentes passarem a ser negligentes com o dever em geral e mesmo com o cuidado da higiene corporal. As vezes não querem tomar banho e teimam em não trocar de roupa ou calçado. A serenidade dos pais diante de mais esse sintoma da crise pubertária acaba reordenando o desleixo.

Os pais precisam manter a calma diante da oscilação emocional do adolescente. Essa variação humoral faz parte da fase. Ela não é voluntária, é própria à estrutura hormonal em ação. Normalmente essa oscilação não tem muita durabilidade. Além disso uma notícia agradável num whatsapp amigável pode rapidamente tirar o adolescente desse estado.

Outro fator importante, o terceiro: o sermão. O/a adolescente reage sempre negativamente aos sermões dos pais. A reação de ódio é a mais comum. E de rejeição maciça. Sermão é apelação. São pais se dando boa consciência dos limites da parentalidade, mas em nada se colocando do lado do adolescente ou se abrindo às manifestações de sua crise. O sermão é odioso pois qualquer tema que ele aborde já é do domínio da consciência moral (superego) do adolescente. O problema para o adolescente é testá-lo, verificar a razão de existir tal lei. O sermão pode ser moral, mas muitas vezes se estende ao estudo, à vida cotidiana, cuidado com o corpo, higiene, manuseio da roupa, roupa suja no cesto, horário de dormir, uso da internet, hora de comer, colaboração na comunidade familiar e social...

Os pais precisam levar em conta: o adolescente já sabe a Lei, já sabe o compromisso com as normas gerais e familiares. Sermão então é chover no molhado. Sermão é desautorizar a palavra materna e, sobretudo, a paterna. Se os pais sabem que os filhos sabem por que agir como se eles não soubessem?

Se é inteligente e pacificante não bater de frente, se o/a adolescente conhece seus deveres, leis e normas, importa respeitá-los, chamá-los à razão. Basta rememorar-lhes a consciência. Eles precisam de um tempo de elaboração; tempo que não corresponde ao imediatismo de nosso imaginário de pais já calejados. O bater-de-frente é uma relação tóxica, sobretudo entre marido e esposa, entre pais e filhos, e igualmente com estranhos.

Embora o adolescente sabendo a Lei, a norma, contudo sua crise se instala justamente num impasse de amadurecimento que consiste em verificar se é verdade que a lei tem que ser essa, se a lei é mesmo necessária, se não poderia ser de outra maneira. O adolescente compara as normas familiares com as de outros lares e se questiona ou questiona seus pais pelo anseio do diferente como melhor. Imaginariamente idealiza modos de vida fora da realidade de sua família. É muito bom para nós pais verificarmos que há pais melhores do que nós e lares melhores do que nossa casa. Bom ainda, em que pesem nossos erros, termos a consciência de que fizemos o que pudemos. E isto nos coloca no real, descemos sadiamente de nosso ego.

É fundamental: jamais "eu quero que você faça sua lição", "eu quero que você tome banho"... "escove seus dentes"... Ao assim falar, o bater-de-frente (luta de egos com adolescente) está lançada. O adolescente a topa na hora e agirá no desafio à ordem. Então, se o filho sabe a norma ou a lei que rege a ocasião o pai, a mãe sempre porão a lei, entre ele, ela e o filho ou a filha. Elimina-se pois o "eu quero". Quando os pais assim agem eles explicitam ao filho que também eles estão sob a mesma lei. E isso desmonta a luta de prestígio. Isso cria uma relação respeitosa e colaborativa. Uma mãe que delicadamente raciocina com seu filho de 16 anos o perigo do vício de fumar, ele se levanta, abraça a mãe: "Mãe, desculpe; tem hora que eu não mereço ser seu filho". E ele não se viciou.

Exemplo corriqueiro, tão próprio de adolescente: troca de roupa no quarto e deixa pelo chão a roupa suja, não raro cueca ou calcinha inclusive manchada de sangue. A mãe ou o pai: "eu já disse que você tem que por a roupa usada no cesto de roupa suja. Vá já tirar essa sujeira daqui". Reação, adolescente: no mínimo não "vai já" e até poderá levar a roupa suja ao cesto, mas com certeza amanhã não expedirá a diligência. Não se trata de "eu quero", trata-se tanto para a criança como para o adulto do reto uso das coisas, da higiene do corpo. Ao contrário do "eu quero"; "eu já disse", simplesmente, e com autoridade: "filho ou filha, que é essa roupa pelo chão?". "Filho, filha, estou assinando este aviso da professora, mas isso é assunto seu. Coisas da escola é você que resolve, como eu resolvo as minhas em meu trabalho"... "filho, filha, vem cá: que é esse par de sapatos aqui na sala?".

Para que o superego (consciência moral) passe a governar os atos do filho ou da filha quanto mais rápido os pais deixarem de repetir ordens, mais cedo passará ele ou ela para a heteronomia, segundo estágio do amadurecimento adolescente.

Nesse período, 16-17 anos, ele integra a Lei, cada vez mais toma consciência de que os pais já não precisam comandá-lo. Simultaneamente a existência, a própria pressão social, vão exigindo uma definição de seu lugar na sociedade. O problema vocacional vai se afunilando, cobrando uma resposta. Consciente ou inconscientemente o adolescente se dá conta de que sem Lei não há possibilidade de encontrar seu lugar na sociedade. Muito mais: aos poucos o jovem descobrirá a beleza da Lei; ela é garantia da segurança, da liberdade e do direito de ele ocupar o lugar dele na sociedade. A lei simplesmente nos protege.

Atualmente, nossos adolescentes vivem uma grande decepção com o mundo adulto, que, em princípio, deveria apresentar a ordenação da Lei, sobretudo da Lei moral. Se se voltam para a política, corruptores, corruptos a dominam. As religiões usam uma linguagem desatualizada e repetem ritos que já não têm sentido para a civilização atual. Muitas religiões são verdadeiras financeiras. Os jovens têm uma sensibilidade aguda para tudo o que não é autêntico. Quando o adulto burla a Lei, isto o fere fundamente. Ele vive a contradição do educador. Ele se decepciona.

Além disso, os escândalos morais ou financeiros desautorizam a mensagem religiosa. De conhecimento universal é a finalidade argentaria das religiões atuais. Durante a crise da Covid-19, vários pastores foram ao presidente para afrouxar a proibição de reuniões em templos! As reuniões religiosas estavam entre as aglomerações desnecessárias e perigosas. Evidentemente não eram a fé nem a religião que reivindicavam e sim, a arrecadação do dízimo. O Supremo Tribunal Federal barrou a ambição argentária dos pastores financistas. Vide como seus fundadores ou mantenedores são pessoas ricas, com muito dinheiro e grandes propriedades. A eterna "servidão voluntária" cega seus fiéis que gemem ao peso dos 10% dos seus salários com a ideia ingênua de que os deve a Deus. Mas isto não escapa à conscientização e à crítica dos adolescentes. Mistificação abominável. Os jovens são particularmente sensíveis a essas contradições morais quer políticas quer religiosas. Pior ainda se as descobrem em seus pais. Essas contradições são altamente decepcionantes para eles.

Esses desencontros da verdade não buscada ou do testemunho não dado os desilusionam fundamente. O mundo atual os desencanta com essa "liquidificação" de princípios e o derretimento da ética, a hipocrisia ostensiva. Não temos líderes que deem testemunho de autenticidade de vida. Nesse início do século XXI o papa Francisco se apresenta com uma coerência evangélica que toca a todos, religiosos ou ateus. Talvez único líder. Na política, mundo afora um vazio estarrecedor, a busca desenfreada de interesses pessoais. Corrupção desavergonhada.

Esta fase da heteronomia leva o jovem a afirmar sua escala de valores. Volta para a planta básica de seus pais, confronta com o mundo que está aí e tenta sobreviver numa síntese pessoal que os sustente para enfrentar a escolha profissional e a autonomia de sua existência.

É muito comum nessa crise que o adolescente apresente certa "preguiça", como também uma necessidade maior de dormir. Dois sintomas a serem encarados como necessidades fisiológicas de um corpo que precisa economizar energia para o organismo crescer.

É comum também que o adolescente, nessa conquista lenta e prolongada de um corpo adulto, melhor ainda de um corpo próprio, ele desenvolva tiques ou mesmo estabeleça algum feitiço. Para a psicanálise isso são sintomas positivos: na demora de seu corpo chegar a adulto, o adolescente, sobretudo o garoto, "usa" esses recursos para "enfrentar" a vida em família e mais ainda a vida social. Bom sinal, é meio de elaborar sua inserção no mundo. Mas todo esse benefício pode ser frustrado se os pais encrencarem com esses sintomas, implicar com eles, torná-los um problema. Não tem outra coisa a fazer senão respeitar seu filho e ter certeza de que esses sintomas são passageiros. O adolescente dará conta de os resolver. Porém, se os pais implicarem, levá-lo ao médico ou, pior, ao psiquiatra, com certeza o tique será medicalizado, e o adolescente poderá incorporá-lo (cronificar) e o não largar mais vida afora.

Nesse momento, já pelos 17-18 anos, ele chega a essa relativa autonomia subjetiva, jamais acabada e que deverá ser esculpida ao longo da existência toda.

A esta altura o/a jovem, que teve a chance de uma boa ordenação da pulsão nos 5 primeiros anos, já mais apaziguados em suas erupções adolescentes, eles podem descobrir a beleza das leis e das normas. Descobrir que elas os protegem, que elas lhes garantem a vida pessoal e a vida social, que elas guardam o direito de todos ocuparem seu lugar na sociedade, que elas os tornam iguais "sem acepção" de pessoas, que elas preservam a continuidade da vida, que elas ordenam o correto uso das coisas sobretudo as da natureza. Enfim descobrir que elas hipotecam o dom mais precioso do cidadão: a liberdade.

A decisão da escolha profissional é de muita responsabilidade: muito difícil escolher uma profissão definitiva em idade tão nova. Terminado o colegial o/a jovem deveria ter um ano sabático, estagiando em empresas industriais, comerciais, agropecuárias ou de prestação de serviço. Um ano de contato com a vida real aqui ou em outro país para optar por uma escolha profissional amadurecida, fruto de um desejo esclarecido. Cabe aqui a tirada de Fernando Pessoa: ... "a grande responsabilidade de existir".

## Observação – Dinheiro

Dinheiro faz parte da dura realidade da existência. Material? Sim, mas ele intervém, se intercala nos mais diversos aspectos da articulação da vida, e mesmo da vida cotidiana. Importa e muito que os pais introduzam seus filhos no reto e ajuizado uso dele. Como cada vez mais ele esteja perdendo a visibilidade acresce uma razão maior para a chamada "educação financeira".

O respeito ao dinheiro é um traço de caráter importante na formação dos filhos. O reto uso dele tem uma função subjetiva e uma função social. Usá-lo com comedimento, moderação introduz no sujeito a segurança financeira, maturidade no usufruto consistente, apenas o uso provido.

De outro lado isso tem uma influência social muito importante: faz a sociedade circular sem enrosco.

Há uma prática muito educativa: dar aos filhos uma "semanada" (aos mais novos) e uma mesada para os pré-púberes ou os adolescentes. Aprenderão usar o montante: empregarão o "necessário", guardarão como "poupança", emprestarão entre eles, emprestarão mesmo aos pais para uma compra rápida... O "empréstimo" será devidamente restituído... Saberão acumular quando quiserem adquirir coisa de maior valor que a mesada. Aprenderão desde cedo o respeito ao dinheiro... Essa prática os amadurece na responsabilidade do manejo monetário e evita a infantilidade de a cada hora terem que pedir aos pais. Cedo se tornam "administradores" autônomos.

Por fim, a um efeito curioso: o uso seguro da mesada durante a puberdade imprime um senso de responsabilidade que se estende a outros usos da existência: roupa, calçado, aparelhos eletrônicos ou outros...

Essa prática assimilada isola o sujeito do consumismo, da exibição ou vaidade com dinheiro. O dinheiro não vira vício. O necessário, e tudo está bem.

## Profissão

Outra responsabilidade enorme pesa sobre os ombros dos adolescentes: a escolha de uma profissão.

Levemos em conta que não é nada fácil por volta de 17-18 anos assumir uma escolha profissional que em princípio seria para a vida toda, ainda mais em nossos dias de robótica, alta tecnologia e inteligência artificial.

Aos pais a responsabilidade de respaldar a escolha do filho. Juízos de valor, depreciação de certas profissões podem desviar o filho da realização de sua vida. Nesse particular há um preconceito arraigado que arte (música, teatro...) não dá dinheiro. O dinheiro, matéria, claro, é necessário. Mas mais importa a realização vocacional do sujeito humano. Com aquele, um pouco mais, um pouco menos se vive. Porém exercer uma profissão contrária a seus pendores, além de ser psiquicamente perigoso e complicado para a saúde física, é desencorajante e deprimente. O sujeito está presente de corpo no trabalho porque precisa ganhar o pão, mas a mente e seus anseios estão sempre alhures. Perigo: atos falhos podem ocorrer e acidentes (até graves) podem acontecer.

Os pais precisam conversar com seus filhos, precisam ajudá-los a pensar, a ponderar com eles as implicações da escolha. Ou mesmo sugerir que o filho procure um professor, um mestre, um amigo respeitável da família que acolha seus anseios. Mas não compete aos pais induzir seus filhos à escolha de uma profissão. Um pai engenheiro, muito bem-sucedido, me afirmava determinantemente: "meus filhos vão ser engenheiros". "Como assim?" "Porque a formação do engenheiro permite que ele possa exercer todos os cargos na sociedade". Tentei ponderar com ele o peso dessa impostura, mas foi em vão.

Encontrei também imposição de famílias na escolha da medicina. Avós médicos, pais médicos e filhos convencidos a serem médicos. Aqui penso que a escolha imposta tem consequências mais sérias ainda senão graves: lidar com a saúde humana. A responsabilidade é enorme, bem diferente, por exemplo, da atividade de um engenheiro mecânico ou de um jornalista.

O médico não vocacionado entra logo em depressão e a angústia de estar em lugar errado só aumenta. Ajudei vários estudantes de medicina, sobretudo no terceiro ano, ano de início nas primeiras experiências médicas, a trocar a medicina por outra profissão.

Fico aqui apenas nesses dois exemplos, mas o princípio da escolha vocacionada vale para qualquer profissão. Uma coisa é certa: só a profissão vocacionada pode trazer realização ao sujeito humano. O exercício da profissão vocacionada faculta alegria constante, bem-estar e criatividade.

É muito grave quando os pais não respeitam as inclinações ou os pendores vocacionais de seus filhos. É sofrimento anunciado. O desajuste profissional induz um mal-estar psíquico até perigoso. Acaba gerando doença senão física (psicossomática) ou psíquica.

O uso de testes vocacionais é um recurso. Os resultados são amplos, vêm por áreas: biológicas, exatas e humanas... Fica solto para o adolescente. Generaliza-se o que precisa ser estritamente subjetivo. Minha experiência é de que nada supera um trabalho psicanalítico com o adolescente. Ele retoma seu histórico familiar, as manifestações de seus desejos ao longo de sua existência. Aos poucos seu desejo se aclara e ele fecha em cima de uma escolha própria.

A pressão dos vestibulares é muito forte e queira-se ou não o estudante se vê imergido numa competição. Pena! Mas é o real. Um/a psicanalista pode muito ajudar um jovem nessa tensão: possibilitar que ele consiga fazer do vestibular um trabalho pessoal, fechado apenas no exercício de seu saber, tranquilo na passagem necessária para a realização de sua existência. Conseguir fazer um ato seu, livre da pressão familiar, da pressão social. Eliminação total da competição: "Estou fazendo uma passagem para outra fase da minha vida, para minha realização, minha inserção no mundo adulto". Essa consciência tranquila na hora do vestibular permite que sua memória seja plenamente ativada na busca das respostas e seu raciocínio esteja integralmente focado nas questões, livre de pressões sociais ou emocionais. Não é a pessoa dele que está sendo julgada e, sim, os conhecimentos que adquiriu.

Todavia, a humanidade está em franca mutação. Muitas profissões estão desaparecendo. Surgem novas sobretudo na área da tecnologia. Mas automação e robótica dia a dia desbancam profissões. Caminhões, carros, veículos de entrega já circulam sem motorista. Tratores amainam a terra, plantam, colhem sem tratorista. Drones vigiam, secretária eletrônica, porteiro eletrônico, movimentação bancária para as mais diversas finalidades... Urge encontrar, inventar caminhos para a realização laboral dos seres humanos. É preciso pensar uma nova humanidade... A humanidade do lazer?

Sim. Já em 1964 o sociólogo francês Abraham Möhler já previra que chegaríamos a essa era. E essa previsão em suas aulas na universidade de Estrasburgo na França muito nos espantava. Onze anos antes da descoberta da internet e várias décadas antes da invenção de robôs.

Profecia em realização: "sociedade do lazer": a automação se universalizará de tal maneira que a mão de obra sobrará por toda parte. Oitenta e cinco por cento das profissões atuais desaparecerão. Apenas quatro dias de trabalho na semana serão suficientes para manter a produção e o sustento.

Os trens, os metrôs controlados a partir de uma central propiciarão uma movimentação urbana, interurbana e interestadual precisa e limpa. A energia solar, a eólica abastecerão habitações, indústria, e veículos. Toda a sociedade será organizada em função da preservação da natureza, nossa casa comum. Toda mulher e todo homem se aposentarão sempre com um plano B, preferivelmente voltado para a comunidade. As idosas e idosos serão respeitados como depositários da tradição familiar e da sabedoria humana.

O Estado organizará o uso do tempo nos dias restantes. Será privilegiada a organização das comunidades locais, a resolução de seus problemas, a assistência integral a seus membros, eliminação da pobreza, assistência à saúde, sobretudo à preventiva, esmero com a educação, cuidado do meio ambiente e da natureza. Coleta rigorosa do lixo, reciclagem de vidro, plásticos, borracha... Hortas comunitárias, plantio de árvores, recuperação das fontes... Cuidado das florestas, da fauna e da flora. Os rios voltarão a ser limpos, os peixes retornarão e abastecerão as comunidades ribeirinhas ou outras. Os mares serão despoluídos, deixarão de ser depósito de lixo.

O Estado oferecerá assistência à comunidade: todo tipo de atividades comunitárias, cursos constantes e curtos, os mais diversos, filosofia, teologia, história, ciências da natureza, cursos de artesanato, criação de animais... centros de aprendizagem, locais de lazer, organização de gincanas, de competições esportivas, datas festivas... Criação de bandas e de orquestras.

Trocar experiências com as comunidades circundantes ou distantes. A internet compartilhará as experiências ampliando generosa e construtivamente a vida fraterna. As crianças e os jovens receberão atenção especial da comunidade. Não apenas atividades escolares. Propiciar atividades comunitárias, mutirões... Trabalhar para a eleição de um candidato comprometido com a comunidade e interagir com ele depois de eleito. Campanhas para conseguir um bem para a comunidade: via de acesso, centro de saúde etc. Se o ser humano aprender desde cedo a pensar no outro, na comunidade, bandidos, criminosos serão muito poucos. Se houver justiça para todos, a sociedade viverá em paz. E as prisões se esvaziarão.

O jovem é generoso, tudo o que se aprende e sobretudo se vive na adolescência sustentará o adulto de amanhã. Assim a Igreja católica e outras instituições cristãs oferecem um amparo altamente formativo com suas comunidades de base. Como dizia Fernando Pessoa: "É só humanitariamente é que se pode viver".

## Sexualidade

Por fim, não esqueçam os pais que tudo o que se imprime no adolescente, por ser época de mutação, permanecerá para o resto da vida. É por isso que os vícios adquiridos na puberdade dificilmente são superados mais tarde. Esse princípio vale para todo e qualquer vício: cigarro, bebida, sexo, droga... manias comportamentais... tornam-se empedernidos, crônicos.

Vejamos agora a questão da identidade sexual. A adolescência como vimos, consiste na segunda grande crise da existência do ser humano. Esta crise tem uma importância vital para a vida adulta. Nesta o adolescente retoma a identidade sexual "impressa" no inconsciente no "ponto crítico" de seu "acontecer psíquico". Lembremos a excelente contribuição de Lacan: trata-se de sexuação. Isto é, da "posição sexuada" que a criança por volta dos cinco anos adquire de maneira definitiva. Na adolescência essa "posição", absolutamente subjetiva, portanto, própria ao sujeito, e não igual a nenhum outro, volta com tudo nas imperiosas vagas dos hormônios e dos humores e no desejo sexual para com o outro ou outra.

Do início desse ressurgimento até 16-17 anos, o adolescente se sente invadido pela posição sexual primária e, como numa enchente, se vê urgido a dar conta de impulsos constantes e inesperados. Em nossos dias, se de um lado a desmistificação da sexualidade feminina e masculina eliminou o mistério ou os mitos que a cobriam, do outro lado assistimos um "liberou geral", ou uma enganosa banalização do sexo. O sexo tem muita importância na existência do ser humano e de consequências graves.

Há uma questão encafifante: por que a cultura, sobretudo a cultura das religiões mantiveram e mantêm um tabu tão severo sobre o sexo e a sexualidade?

Na religião católica houve não faz muito tempo uma posição moralística de que "*de sexu nisi grave*", "do sexo tudo é pecado grave". Outra tendência das religiões: as mulheres, "objeto de desejo", sempre levaram e levam o pior. Vide como o islamismo discrimina as mulheres e as invade na consciência, no corpo, na maneira de vestir ou na liberdade de agir. Com as bênçãos da religião islâmica o homem pode ter várias mulheres, as manter em regime de submissão e objeto de uso, mas à mulher nada disso é facultado. A discriminação histórica da mulher é algo odioso, perverso. Na religião católica se lhe negava a comunhão se com todo direito de seu corpo e de sua existência evitassem filho e, num machismo repulsivo se dizia: "*mulier in ecclesia tacet*": "a mulher na igreja cala a boca".

A psicanálise mantém uma posição ética a meu ver excelente diante do sexo ou de qualquer ato do ser humano: "De seu desejo o homem não pode ceder" (Lacan, J.). Ele, ser consciente, ser moral, condição para ser humano, não pode não responder pelos seus atos e o gozo só pode ser buscado dentro da Lei. Fora da lei, o gozo é mortífero para o sujeito, o destitui como sujeito. A pulsão é consumida em si mesma, não produz, não faz obra, não se transforma em cultura. Nesse caso gozo e vício são a mesma coisa.

Nessa passagem o adolescente quando apoiado, sobretudo pelos pais, toma consciência da responsabilidade da sexualidade. O sexo, muito além de meio de procriação, tem uma importância enorme na existência humana. A identificação sexual vivifica toda ação humana, transpira no modo de agir de cada sujeito. O sexo quando vivido na Lei, Lei de respeito ao outro, consentâneo, resulta num bem-estar gratificante. Quando o sexo é praticado por puro desempenho, "descarrego" ou uso do outro, masturbação com o outro, o retorno é um vazio moral, um mal-estar psíquico. Com maior agravo, nas perversões nas quais o/a outro/a não é levado/a em conta. O perverso zomba da Lei e goza ao infringir sofrimento ao outro, mas o outro, violentado, desrespeitado, acaba moralmente machucado, humilhado, indefeso.

Nossa civilização dessa pós-modernidade é civilização da pressa, do imediato. A criança, o jovem ou mesmo o adulto são solicitados e pressionados a tudo antecipar. Não se dá tempo para a criança ser tranquilamente criança e o mesmo acontece com o adolescente. Há uma "fúria do tempo", tudo se antecipa. Isso cria vazios na existência jamais satisfeitos: construções de subjetividades com falha de tijolos nas paredes psíquicas.

A criança é despertada para a sexualidade já muito cedo, seja por pais, por TV, internet ou por pressão social. O menino de cinco anos à mãe que acaba de se casar de novo: "Agora vocês podem me dar uma irmãzinha".

E os adolescentes também são incentivados a começar a vida sexual ativa. Para as adolescentes quase sempre sem prazer do orgasmo e, sim, por puro desempenho da moda ou pressão social. O próprio linguajar sobre o sexo evoluiu com vários neologismos nessas últimas décadas: relação sexual, trepar, comer, ou simplesmente fazer sexo. Zygmunt Bauman faz as seguintes observações: "nada resulta do encontro sexual, salvo o próprio sexo e as sensações que acompanham o encontro"... (pag. 184) "as práticas sexuais não unidas pelo dever, mas pelo prazer, são exportadas para o domínio entre a casa e o local de trabalho... testemunhamos, atualmente um divórcio entre o sexo e a família" (id. ib.)... "o resultado total é o rápido definhamento das relações humanas, despindo-as da intimidade e emotividade, e o esmorecimento do desejo, de entrar nelas, conservá-las vivas" (id.ib. pag. 186)... "hoje o sexo está se convertendo num poderoso instrumento de desagregação da estrutura da família em todas as suas dimensões" (id.ib.) ... "o presente discurso sexual propaga... o "esfriamento" da interação humana e sua libertação de todo sabor erótico (e, mais generalizado, afetivo) – em suma, sua nova e mais radical impessoalização" (id.ib. pag. 189).

A clínica comprova que não há vantagem alguma nessa antecipação. Primeiro, não há maturidade para assumir a responsabilidade do relacionamento sexual. As gravidezes de adolescentes comprometem o desenvolvimento de mulher e pesam duramente em seu futuro. O crescimento subjetivo é interrompido por uma função para a qual só está preparada fisiologicamente, mas nem no corpo e menos ainda no espírito. Se a mulher fosse feita só para procriar vá lá. Esse destino é inevitável para as fêmeas da natureza, mas mulher é regida pela lei da aliança e tem seu lugar de igualdade na sociedade. A gravidez precoce é uma frustração[9]. Um drama especialmente para a adolescente, para o filho e para a família dela.

Além disso, a adolescência sendo fase de amadurecimento do corpo, da subjetividade, da autonomia psíquica e moral, época de comprometimento na escolha profissional, a energia psíquica precisa estar constantemente focada. A sexualidade ativa deriva a pulsão para o gozo imperativo e fica impedida para a sublimação cultural tão urgente nessa passagem da vida.

---

[9] Em 11 de outubro de 2021, na Folha de S. Paulo, Luciana Temer publica um artigo sobre o número assustador de gravidez precoce no Brasil. Um dos maiores índices do mundo. Em cada 7 bebês um é de mãe adolescente. Em 2019 19.330 bebês foram gerados por garotas de 10 a 14 anos. 6 abortos por dia são praticados por garotas abaixo de 14 anos. O número médio de garotas com menos de 14 que se engravidam elevam-se a 21.500. Além disso 6 entre 10 nem estudam nem trabalham. Trata-se de um corte no crescimento humano das adolescentes. Antecipação que gera sofrimento e frustração.

Importa levar em conta, repito, que todo vício adquirido no ciclo de mutação da adolescência, como fumar, beber, droga, sexo... dificilmente será abandonado na idade adulta. Sexo também pode ser um vício: a pulsão, que é uma só, nele focado, fica indisponível para a grande arrancada do fim da adolescência e mesmo para a vida adulta. O viciado ou a viciada em sexo dificilmente manterá o pacto matrimonial, essência da construção permanente da família.

Os pais precisam ajudar seus filhos adolescentes a encarar o sexo com a responsabilidade que ele exige. Interessante notar que a própria natureza do corpo humano o proveu para uma sexualidade tardia em comparação com outros animais cuja adolescência chega bem mais cedo. Um tourinho entre 8 e 12 meses já está apto para fecundar uma vaca. Porém a maturação hormonal humana em nosso meio, ocorre mais tarde entre 10 a 14 anos. Com outras palavras quando ela surge o menino ou a menina já possuem noção clara do advento dela e das consequências do seu potencial. Sobretudo em nossos dias de muitas informações.

A escola atual em seu curso de biologia fornece conhecimento bastante completo sobre órgãos reprodutores, anatomia, fisiologia, fecundação, nidação e gestação do embrião. São noções teóricas ou científicas. Noções éticas ou morais do uso do corpo competem aos pais que são os formadores da consciência de seus filhos. O respeito ao corpo do outro supõe: o não direito de o invadir como o direito de se defender da invasão. O usufruto do sexo implica em responsabilidade de o assumir em todos os sentidos e ter que responder pelas consequências. Além da indesejada gravidez precoce, doenças sexualmente transmissíveis são perigo real: sífilis, aids, HPV, gonorreia... Não há como relacionar-se sexualmente sem proteção. Ou, de comum acordo, antes de começar, ambos fazerem exames laboratoriais. A sexualidade é um bem do corpo, um dos prazeres do corpo. O corpo, embora sujeito a doenças, é um corpo erótico. Ouvir música, o cantar dos pássaros, a voz de quem amamos, a voz que nos conforta; os olhos, o prazer de enxergar, o gozo do olhar de quem amamos, a segurança do olhar presente, as matas, as flores, o cair da tarde, o jardim, a harmonia das cores...; a boca, as papilas tocadas pela comida bem temperada, o prazer de um bom vinho, o alívio da água gelada em dia cálido, o gozo inconsciente da primeira mamada, o gosto do amargo, do ácido, do doce, os sabores das frutas... o cheiro carregado de mensagens e de lembranças prístinas, o perfume das flores, o odor refrescante do cair da chuva sobre a terra seca, o perfume de presenças, o cheiro do/a amado/a...; o aconchego do colo, o abraço envolvente, o carinho de um afago, o sibilar do vento, o incomodo do calor e o abrigo do frio cortante... O prazer de uma digestão agradavelmente saciante, um intestino peristalticamente pontual, o alívio escatológico das fezes e da urina... Principalmente o prazer de dormir, de um dormir gostoso e o acordar em plena disposição física e psíquica. Principalmente porque no resto tudo segue.

Enfim, corpo só é corpo se corpo próprio, corpo que me suporta e me possibilita a vida física e psíquica, que me permite pensar, conhecer e amar. Corpo próprio é corpo "apropriado" com o qual convivo, o qual protejo e respeito, resguardo de todo mal ou excesso que o magoe ou machuque, conservo-o no limite da alimentação e do descanso e o aparto de todo peso que o sobrecarregaria, preservo-o cuidadosamente para que nada o adoeça e eu possa dele usufruir continuamente como corpo próprio, corpo de prazer. Corpo que sou eu, corpo com que converso continuamente, ativo seu sistema imunológico e peço que se preserve de toda e qualquer doença. Animo-o, sei que responde às minhas palavras. Assim, faço sempre chegar a ele as minhas mensagens.

Ao nascer na cultura ocidental cada órgão do corpo vem carregado de um sentido ou preconceito. É importante banir essa conceituação e estabelecer uma relação própria com o corpo próprio. Importa e muito de não usar os órgãos do corpo como descarga ("conversão") de meus problemas ou angústias. Embora ele não possa fugir à ressonância de minhas aflições ou fracassos devo assumir o real dessa investida e me render aos meus limites, mas jamais passar a carga ao corpo. Freud descobriu que suas histéricas descarregavam angústias, sofrimentos em seus corpos. Nomeou esse mecanismo "conversão". Recalque da pulsão. A conversão é múltipla: paralisia de membros, disfunção de órgão, cefaleias, cegueira, algias de todo tipo, frigidez sexual, impotência sexual... porém essas "descargas" no corpo podem ser mais drásticas, podem produzir lesões nos órgãos e tecidos. Foraclusão seria o mecanismo psíquico nesses casos. Temos aí as doenças auto-imunes e outras mais graves e fatais: alzheimer, parkinson... Para a psicanálise cada uma dessas patologias é absolutamente pessoal embora os sintomas sejam semelhantes. As patologias estão ligadas ao histórico de cada um.

Os gregos tinham um ideal para o sujeito humano, sobretudo para os jovens: um ser "belo e bom" e isso independente da beleza física. Um ideal de vida. Os pais podem ajudar verdadeiramente seus filhos estimulando-os a aspirar ideais que construam a humanidade. Ideais que vão de encontro aos grandes desafios de nosso tempo. Ideais que libertem os seres humanos da ignorância, da miséria, da desigualdade. Ideais que rompam com o circuito da ganância, da avareza, do acúmulo, da exploração do fraco e da violência. Ideais que elevem a alma do jovem e imprimam nele a convicção da justiça, da inclusão e da partilha. O jovem é generoso: sua alma desabrocha e está aberta a grandes ideais. Os jovens precisam de heróis: a história de mulheres e homens que fizeram a humanidade avançar toca-os fundamente. Fazem-nos sonhar, despertam-lhe desejos altruístas, desejos do amanhã, anseios por ocupar seu lugar na história da humanidade. Ficam mexidos, espicaçados quando se lhes permite conhecer pessoas que fizeram história, construíram a história, como Jesus Nazareno, Moisés, Abraão, Sócrates, Aristóteles, Copérnico, Galileu, Newton, Einstein, Fernando Pessoa...

Os jovens brasileiros vivem num país cheio de desafios.

De um lado uma natureza abundante e profícua. Rios em abundância e matas exuberantes. Dois recursos vitais para a sobrevivência. Mas ambos enxovalhados: rios contaminados por mercúrio e agrotóxicos e florestas devastadas, queimadas.

Um povo bom e generoso de múltiplas procedências, mas injustiçado e em dolorosa desigualdade social.

Povos indígenas dizimados por doenças do homem branco, seu habitat violado por madeireiros, grileiros, garimpeiros. Pantanal em devastação de terra arruinada e a indiferença ostensiva dos que deviam governar. Brasil, imenso e rico território sem projetos para libertação de seu povo. Extrativismo desenfreado.

Jovens, pensem alto, pensem com alma grande... vocês precisam resgatar a dignidade desse país abundante e encantador. Pensem: só a boa política pode reverter esse quadro desolador de uma pátria emporcalhada e habitantes humilhados. Brasil é o país do mundo onde não cabe pobreza nem injustiça social. Essa terra generosa tem comida e dignidade para todos. Um raminho de mandioca, outro de batata doce eliminariam a fome. Simples assim!

Surjam entre vocês homens de grandeza de alma que transformem as riquezas desse país generoso em abundância para todos. Cesse o extrativismo de suas riquezas naturais (ferro, ouro, madeira, pedras preciosas, minerais...) que pertencem a todos brasileiros mas enriquecem apenas alguns. E riquezas naturais que não podem ser repostas. Destruição. Roubo. Injustiça. Ainda está para aparecer um governante da pátria de todos os brasileiros. Pensem alto com Fernando Pessoa: "Para ser grande, sê inteiro: nada /Teu exagera ou exclui. /Sê todo em cada coisa. / Põe quanto és/ No mínimo que fazes. /Assim em cada lago a lua toda/ Brilha, porque alta vive[10]".

Não tenham medo de alimentar em sua alma o ideal de libertação de seus irmãos brasileiros: da ignorância, da fome, da falta de habitação, de saneamento básico... das doenças... O Brasil é o país da abundância: mandioca, peixe, verdura, frutas... O agronegócio pensa em negócio, em dólar... ignora o povo e a fome do povo. É casa grande e senzala continuadas de maneira tecnologicamente sofisticada, tocadas por tratores e colheitadeiras teleguiadas. É o neoliberalismo do lucro desenfreado. É o agro-ogro.

Porém, a agricultura familiar, além de reter o homem no campo, concilia os agricultores em cooperativa. Promove a solidariedade e não a competição. E a ecologia plena é preservada: o homem é que precisa da natureza.

---

[10] Na COP 26, Glasgow, 2021, todo/a brasileiro/a sentiu um orgulho contagiante quando a jovem indígena Txai Suruí ("mulher inteligente e de verdade") 25 anos, foi a única convidada para fazer a abertura da assembleia geral. Eletrizante como em poucas palavras arrancou a admiração de 180 chefes de estado em sua defesa de uma ecologia integral. Sobretudo na defesa dos povos indígenas, da casa comum, da floresta, dos rios. Essa jovem brasileira é exemplo de quanto os jovens têm potencial para mudar o mundo em prol da dignidade humana. Diante da inveja e do ódio dos que propagam a extinção dos povos indígenas e a terra arrasada: "Minha mãe me disse para continuar com minha mensagem de esperança e meu pai me lembrou de que sou uma guerreira da paz". Heroína!... Aí guerreira...!!! Duas outras mulheres, é importante afirmar **mulheres**, aquelas que sabem "cuidar", se destacaram em seu grito de alerta: a conhecida jovem Greta Thimberg e a ugandense Vanessa Nakate. Heroínas a serviço da família humana e da preservação do planeta. Três exemplos de grandeza humana. A pulsão bem conduzida transforma o mundo! Sentimos orgulho de tais mulheres existirem. Gratos à vida.

O Brasil é um país tão generoso e, no entanto, a fome é descaso, é injustiça, é discriminação social. A ganância do ganho imediato contamina os rios, derruba a floresta e incendeia os campos... Brasileiros egoístas, incapazes de pensar grande, pensar na geração seguinte e nas gerações futuras.

O Brasil continua um país escravagista, como dito, reino da casa grande e da senzala, um país riquíssimo em natureza, em recursos naturais e no entanto continuamos um país de fome endêmica. Pura injustiça social. A desigualdade social não cabe em tanta abundância de recursos. É preciso que haja quebra desse ciclo infernal. Ironia amarga e dolorosa: somos um dos maiores produtores de grãos do mundo, comida para estrangeiros, para animais e trinta milhões de brasileiros passando fome. Essa é a face repugnante do neoliberalismo do acúmulo. Uma injustiça social, aberrante. Não há justificativa.

Freud em sua obra "Mal Estar na Cultura" mostra claramente que a civilização só é possível pela repressão, isto é, pela renúncia de uma pulsão solta. Os pais podem animar seus filhos a não ter medo da renúncia necessária para a conquista dos ideais da humanidade. Os pais podem ajudar seus filhos a adquirir disciplina, mestra da condução da pulsão à sublimação, em focar constantemente o que é prioritário a cada passo da passagem. E, claro, a firmeza na perseverança é garantia de todo avanço. Os pais precisam trabalhar com os jovens uma escala permanente de valores. Os pais ajudam a formação da subjetividade de seus filhos incentivando-os a acompanhar a política, a economia, a transformação permanente do mundo. A leitura de jornais, os debates televisivos... auxiliam a formação do senso crítico e permitem o acompanhamento das mudanças da História. Um/a filho/a inserido/a em seu tempo.

Neste sentido auxiliarem seus filhos adolescentes a pensar aquilo que é o mais importante nos 5 ou 6 anos dessa passagem. Tudo o que não colabora para a construção subjetiva dessa fase importante da vida eles aprenderão a renunciar para crescer rumo ao adulto. A qualidade da vida adulta depende em muito das conquistas da puberdade. Os vícios, bebida, drogas lícitas e ilícitas, namoro precoce... são travas drásticas do crescimento pubertário. O adolescente fica na "fissura" de um objeto único, inebria-se na loucura da paixão, trava seu desejo e não consegue estudar e menos ainda crescer como sujeito no processo de sublimação, justamente numa fase onde precisaria aprender a ser dono dele. O namoro, por exemplo, não tem sentido: ele, ela não podem assumir o compromisso de vida a dois já por não ter idade, já por depender integralmente dos pais. Os pais podem muito bem alertar seus filhos para que deixem para a maioridade o compromisso amoroso: terão todo tempo quando amadurecerem psiquicamente e tiverem recurso para assumir o relacionamento.

Puberdade é época de se experimentar na conquista do saber, na disciplina do estudo, na concentração da matéria: Tecnologia da Informação (TI), ciências exatas, sobretudo matemática, línguas, domínio de uma língua estrangeira, história, geografia, filosofia, política... a alegria do saber alcançado, apropriado e enriquecedor. Incentivar o adolescente para estudar para seu crescimento, nem por nota e muito menos para competir com os colegas. O mesmo valha quanto às leis e normas. A alegria de as cumprir e se sentir em dever cumprido. Este é outro conceito estrutural na formação do caráter: o dever. A consciência do dever quanto mais aguda, maior será a firmeza de caráter e a certeza de uma consciência moral tranquila.

É muito importante saber que em nenhum momento da vida se aprende tão facilmente como na adolescência. E o que se aprende de verdade, dificilmente será esquecido. Operações matemáticas, regras de gramática, língua estrangeira se gravarão para o resto da vida.

Os pais não têm como fugir ao compromisso de esclarecer o filho adolescente. Menino ou menina não tem como escapar da responsabilidade de assumir o corpo como corpo próprio e responder eticamente por este corpo. O adolescente será instruído sobre as consequências do uso do sexo, a real preocupação de poder engravidar uma mulher e a mulher, as consequências de ter seu corpo engravidado. Os pais esclarecerão o filho sobre a responsabilidade moral da prática de sexo. O jovem não tem o direito de engravidar uma garota visto que não pode nem tem condições psíquicas e materiais para assumir a gravidez e o filho. E o aborto não é a melhor saída para a consciência moral. Certamente não compensa levar esse sentimento de culpa (*Shuldgefühl*) para o resto da existência.

Do lado da jovem a responsabilidade pesa mais: ela porta um corpo de fêmea: ovário, útero, gestação, mamas. Muito além do equipamento físico, ela é um sujeito de desejo, de escolha. A gravidez não pode ocorrer sem seu consentimento, sua liberdade. Além disso ela não tem maturidade plena do corpo e muito menos maturidade psíquica para arcar com tão grande responsabilidade. À mulher uma responsabilidade maior que à do homem.

## Apêndice

A juventude precisa de heróis e de heroínas: sejam da História, da Arte, da Ciência ou da Religião. A História é abundante delas ou deles.

Arrisco citar um modelo fascinante do ponto de vista humano e humanitário: Fernando Pessoa. "Modelo", "exemplo" não é para ser copiado ou imitado. Isso seria abrir mão do desejo próprio, esclarecido, abrir mão da própria carreira na sua existência. Cópias humanas são um desastre, fracasso de vida própria. Vide os fanáticos! Fernando Pessoa, escritor, poeta maior é ilustração de uma vida bem sucedida, "uma obra de arte" da "estética da renúncia". "A arte é, com efeito, o aperfeiçoamento da vida"... "Quero ser uma obra de Arte". O sentido de sua obra imensa: "intenso sofrimento patriótico"... "intenso desejo de melhorar as condições de Portugal"... "na posse plena do meu gênio e na divina consciência de minha missão"... "Agora tendo visto tudo e sentido tudo, tenho o dever de me fechar em casa no meu espírito e trabalhar quanto possa e em tudo quanto possa, para o progresso da civilização e o alargamento da consciência da humanidade".

Seu recurso: a escrita: ... "quando escrevo, visito-me solenemente"... "Mas desapoquento-me escrevendo, como quem respira melhor sem que a doença haja passado"... "Toda a literatura consiste num esforço para tornar a vida real"... Não há nada de real na vida que não seja porque se descreveu bem"... "São intransmissíveis todas as impressões salvo se as tornamos literárias"... "Contribuo talvez para engrandecer o universo, porque quem, morrendo, deixa escrito um verso belo deixou mais ricos os céus e a terra e mais emotivamente misteriosa a razão de haver estrelas e gente"... E ao mesmo tempo: "Se o que eu escrevo tem valor, não sou eu que o tenho: /O valor está ali nos meus versos/ Tudo isso é independente de minha vontade".

Pessoa se reconhece poeta por vocação não por profissão... "É que a poesia é espanto, admiração, como de um ser tombado dos céus, a tomar plena consciência de sua queda, atônito diante das coisas. Como de alguém que conhecesse a alma das coisas, e lutasse para recordar esse conhecimento, lembrando-se de que não era assim que as conhecia, não sob aquelas formas e aquelas condições, mas de nada mais se recordando".

Fernando Pessoa foi um homem de desejo esclarecido, ele sabia o que queria, não abriu mão da realização de seu ideal.

Simbolicamente imaginou um pórtico que devia adentrar a cada vez que fosse produzir um escrito ou fazer uma poesia.

## O Pórtico

"Navegantes antigos tinham uma frase gloriosa: "Navegar é preciso viver não é preciso".

Quero para mim o espírito [d] esta frase, transformada a forma para a casar com o que eu sou:

Viver não é necessário: o que é necessário é criar.

Não conto gozar a minha vida: nem em gozá-la penso. Só quero torná-la grande, ainda que para isso tenha de ser o meu corpo e a (minha alma) a lenha desse fogo.

Só quero torná-la de toda a humanidade, ainda que para isso tenha de a perder como minha.

Cada vez mais assim penso. Cada vez mais ponho na essência anímica do meu sangue o propósito impessoal de engrandecer a pátria e contribuir para a evolução da humanidade.

É a forma que em mim tomou o misticismo da nossa Raça".

Projeto grandioso, altaneiro, generoso, altruísta. Para tanto abraçou voluntariamente a proposta da "*Kulturversagung*" proposta por Freud: a renúncia ao gozo imediato da pulsão para a transformar, a sublimar em cultura. Ele tinha consciência aguda que o autor passa mas a obra permanece. A permanência da obra a decide e a perpetua. Portanto é a pulsão transformada em obra que conta, que faz história, que institui legado. "A renúncia é libertação, não querer é poder"... "Quer pouco: terás tudo, quer nada serás livre".

Tão grandioso ideal lhe custou elevado penhor.

Abstenção total da prática de sua homossexualidade: ... "passar a sensação imediatamente através da inteligência para coá-la pela análise superior, para que ela se esculpa em forma literária e tome vulto de relevo próprio. Então eu fixei-a de todo. Então tornei o irreal real e dei ao inatingível um pedestal"... "Tudo para que o impulso não desça ao corpo"... foi a estética de "a renúncia da abdicação".

Resolvido o encaminhamento de sua posição sexual parte para "a consciência (que em mim é cotidiana) da terrível importância da vida, essa consciência que nos possibilita fazer arte meramente pela arte e sem a consciência de um dever a cumprir para com nós próprios e para com a humanidade. O meu espírito vive constantemente no estudo e no cuidado da verdade e no escrúpulo de quando eu deixar a veste que me liga a este mundo, uma obra que sirva o progresso e o bem da Humanidade".

E para atingir esse objetivo: "nunca pude conceder a mim mesmo a autorização para o meio termo, para qualquer coisa menos, na obra que minha personalidade inteira e o meu desejo todo (e minha ambição toda)... "Eu, da raça dos descobridores, desprezo o que seja menos que descobrir um novo mundo"...

Passou por depressão profunda. Não se abateu: "Quebro esse encantamento de depressão para lhe escrever hoje... Que apesar de tudo, e através de tudo, trabalho sempre, produzo sempre"... "Mesmo nos pântanos de meu espírito há lotus que florescem".

E a loucura o bordejou, mas não cedeu. Colocou-a no escrito. "Mas sofro – até o limite mesmo de loucura, juro-o – como se pudesse fazer tudo e fosse incapaz de fazê-lo por deficiência de vontade. O sofrimento é horrível. Mantém-me constantemente, afirmo-o, nos limites da loucura"... "E eu cambaleio/ Pelas vias escuras da loucura"... "Quantas vezes a onda da loucura/ me roçou as franjas pela alma".

O segredo da manutenção da saúde mental Pessoa o descobriu e o manteve no real da escrita: ... "mundo real tão bondoso para os nervos". Esse seu segredo consistiu em seu neologismo mais precioso: OUTRAR.

Não deixar o imaginário se patologizar. Outrar: "eu me sinto nascendo para a eterna novidade do mundo". O Livro do Desassossego, angústia, testemunha suas dores, seus sofrimentos psíquicos que os dois baús foram recolhendo ao longo de sua existência. E a disciplina rigorosa manteve o ritmo de outrar. Narra-nos que ao chegar à casa, em cima de uma cômoda, de enfiada compôs a encantadora "Guardador de Rebanho" e mais catorze poesias.

Por fim, "*not the least*", a solidão: "a estética da desistência e a do silêncio". Pobreza, perda de pai, padrasto, mãe, tia... sozinho em Lisboa num quartinho na Leiteria Alentejana...

"Outros terão/ Um lar, quem saiba, amor, paz, um amigo. / A inteira, negra e fria solidão/ Está comigo. / A outros talvez/ Há alguma coisa quente, igual, afim/ No mundo real. Não chega nunca a vez/ Para mim ... Nem um casual mendigo à minha porta/ Sentar-se veio... Isto até quando?/Só tenho por consolação/Que os olhos vão se acostumando/ À escuridão".

É "a estética da desistência"... "a estética do silêncio".

Fugindo à vitimização ou à comiseração posta-se firme em seu projeto... "Se não sabes estar sozinho, nasceste escravo".

Para manter-se em seu projeto de assumir "a fundamental ideia metafísica"... "Uma noção de gravidade e do mistério da vida"... Assim como realizar diuturnamente o propósito de sua monumental obra literária para "engrandecer Portugal e o Universo", recorre à sua prece para o despojamento total de si.

## A Prece

"Senhor, que és o céu e a terra, que és a vida e a morte! O sol és tu e a lua és tu e o vento és tu! Tu és os nossos corpos e as nossas almas e o nosso amor és tu também. Onde nada está tu habitas e onde tudo está - (o teu templo) eis o teu corpo.

Dá-me alma para te servir e alma para te amar. Dá-me vista para te ver sempre no céu e na terra, ouvidos para te ouvir no vento e no mar, e mãos para trabalhar em teu nome.

Torna-me puro como a água e alto como o céu. Que não haja lama nas estradas dos meus pensamentos nem folhas mortas nas lagoas dos meus propósitos. Faze com que eu saiba amar os outros como irmãos e servir-te como a um pai.

[...]

Minha vida seja digna da tua presença. Meu corpo seja digno da terra, tua cama. Minha alma possa aparecer diante de ti como um filho que volta ao lar".

E foi assim em convicta determinação que se disciplinou a conduzir sua pulsão ao foco único de sua obra de arte: produzir a literatura mais alta da língua portuguesa[11].

## Internet

O uso da internet tornou-se um hábito universal. Ela veio para ficar. Impossível pensar em educar nossos filhos e os deixar fora dela. Os pais desde tempos imemoriais deram conta de educar seus filhos.

---

[11] Fernando Pessoa já em tenra idade foi encaminhado para engrandecer a humanidade. Aos cinco anos escreveu sua primeira poesia.

Acima citei o caso de três mulheres admiráveis: Txai Suruí, Greta Thimberg e Vanessa Nikate.

Graças ao recurso das redes sociais podemos citar outros exemplos. O sírio Mohamed Aljounde que aos 16 anos fundou uma escola para refugiados no Líbano. Recebeu o prêmio internacional da paz da fundação Kids Rights.

O indiano Haaziq Kazi, que aos 9 anos projetou um protótipo para remoção de plásticos dos oceanos. Aos 12 anos criou a Fundação Ervis mediante a qual mobiliza ações no mundo em defesa dos oceanos. Além disso desenvolve um modelo de navio (o "Ervis") para coletar plásticos nos oceanos. Haaziq tem hoje 15 anos.

A americana Thandiwe Abdullah, 17 anos criou a Vanguarda Jovem dentro do movimento Black Lives Matter. Em 2018 discursou para 500 mil pessoas em Los Angeles. Americano também Sidney Keys, 13 anos, fundou a Books N Bros, para promover a leitura entre jovens, sobretudo a da literatura afro-americana. No Brasil, vários destaques.

Txai Suruí, como vimos, e que fundou o Movimento da Juventude Indígena em Rondônia. 2.000 filiados.

Kauã Rodolfo, 11 anos, abraçou a fundação Plant for the Planet, que o alemão Felix Finkbeier criou aos 9 anos (hoje com 24). Trata-se de uma entidade voltada para o plantio de árvores. Fonte: Ronaldo Lemos: "Jovens que querem mudar o mundo", (Folha de S. Paulo, 29/11/2021).

Sublimada a pulsão faz grandes obras. Esses jovens e tantos outros não citados, que tão cedo na vida se dedicam à promoção da humanidade e à preservação da casa comum, o Planeta, tiveram a chance de ter nascido de pais altamente conscientes da responsabilidade na educação de seus filhos. O resultado está aí! É orgulho para a Humanidade o fato de vocês terem acertado tanto. A Humanidade, a Terra lhes agradecem. De outro lado cada vez mais cresce nas novas gerações a consciência de que é urgente reverter esse quadro de destruição da natureza. O mal-estar ou mesmo a depressão entre os jovens podem desaparecer quando descobrem uma causa pela qual podem lutar. A puberdade é por excelência a época de grandes semeaduras.

Enfrentaram as dificuldades e problemas de cada época, deram conta do recado. Ou, fracassaram. Nós pais deste início do século XXI precisamos acreditar que também nós conseguiremos.

O Facebook, o Instagram, o YouTube, o Twitter e outras redes sociais têm uma regra comum: só pode criar conta quem tem ao menos 13 anos. Se o legislador prevê esta idade é por supor que o adolescente apresente maturidade e responsabilidade suficientes para o uso das redes. Em todo caso esta é uma idade cronológica. Aos pais a responsabilidade de avaliar o juízo de seus filhos.

Hoje, como vimos, há uma tendência generalizada de tudo antecipar. Aqui também há cada vez mais pais que antecipam o momento de seus filhos navegarem nas redes. Pena! Não há vantagem alguma nisso. E seria antiético: é ensinar os filhos que sob certas circunstâncias seria lícito fraudar regras. É muito comum os filhos comparar seus pais com outros pais: ... "é, mais os pais do Paulo permitem que ele use a internet". Ou "todos os meus amigos têm internet". É a pressão social em carga total em nossos dias. Os pais devem ser firmes em passar aos seus filhos sua convicção: "Aqui em casa a regra é essa". "Estamos convencidos de que isso é o melhor para nossos filhos". Os pais não podem titubear: cabe ao adulto determinar o que é melhor para seus filhos.

Nessa fúria de tudo antecipar, de considerar o filho como se fosse adulto, acabamos queimando uma fase fundamental para o desenvolvimento mental e subjetivo de nossos filhos. A criança precisa ter o direito de ser criança, precisa ser respeitada, a criança precisa brincar. É no brinquedo que ela se apropria simbolicamente do mundo adulto. Ela aprende a se servir do grande Outro como dizem os psicanalistas, ou seja, ela nomeia os personagens, os encarna, cria as cenas e representa as ações. Esse exercício é fundamental para o desenvolvimento da linguagem e para a criatividade. Essa experiência vivida até por volta de dez anos é excelente para o uso do imaginário: aprender a ter um imaginário a seu serviço e criatividade. Ao contrário de um imaginário cedo doentio, estrutura de neuroses, um imaginário que a escraviza com fantasias malsãs ou antecipatórias de sexualidade ou maldades. Hoje é comum os pais permitirem o uso dos joguinhos do smartphone quando querem se livrar de seus filhos. "Recurso" muito usado quando a família vai ao restaurante. Esta prática é maligna por uma série de razões: a criança é seduzida a se viciar no uso de joguinhos ainda em tenra idade, ela aprende a ficar alheia às reuniões familiares, ela não é iniciada na renúncia necessária para viver em comunidade, inteligente, ela se dá conta que foi excluída, mediante o joguinho.

O hábito de os pais à hora das refeições ou num restaurante, colocarem um joguinho nas mãos da criança, passam-lhe desde cedo a ideia de que ela pode ser excluída da reunião familiar, de que ela não é importante ou que a refeição em comum não tem valor.

Por sua vez, vê-se no direito de se excluir em contrapartida, sugere-lhe que ela incomoda a refeição do casal. Se é verdade que valorizamos a vida familiar, essa prática danosa não pode ser mantida. Uma criança que está bem em família, estará igualmente bem num restaurante, ou em qualquer reunião familiar.

Já que os pais usam essa prática dificilmente acatarão a ordem deles quando querem proibir uso de aplicativo. Enfim, se não aproveitamos as refeições para a família se unir que resta dela neste mundo da "fúria do tempo"? Preservar as refeições em comum é resguardar a família, fortificar os laços familiares. Além da partilha do alimento, a partilha dos afetos, sobretudo do amor. Muito cedo ensinamos nossos filhos a mentir e a se corromper, quando os escanteamos para os joguinhos.

Finalmente, certo é que chegado determinado momento não podemos privar nossos filhos do uso da internet. O jovem é realmente capturado em seu imaginário. Mesmo estando presente de corpo na mesa, na sala, no carro, no restaurante acabam desconectados de si e da própria família. Sem dúvida alguma, a forma mais atual de neurose obsessiva. Essa prática leva à depressão, à perda do sentido de existir e à incapacidade de viver socialmente.

Os pais atuais e os vindouros precisam colocar em seu plano de educar os filhos uma convicção importante: limites bem definidos no uso da internet quer quanto ao tempo do uso quanto ao conteúdo buscado. Não temam de ser firmes nessa determinação. Caso contrário a desorientação da mente da criança ou do jovem e a dispersão da energia levarão a uma nova doença mental. Os pais atuais e futuros têm que ter a consciência de que educar seus filhos é regrar firmemente o uso dos eletrônicos... "adultos jovens e crianças vivem afundados nesses monólitos portáteis com consequências que vão de epidemias de obesidade, depressão e suicídio, até atentados com armas... Aparelhos celulares e tabletes que têm mostrado fonte de tristeza, solidão e discórdia, muito mais que iluminação..." (H. B. Linne). Os pais não podem se omitir nessa tarefa e muito menos temer de ser firmes com seus filhos. Os joguinhos são habilidosamente montados para viciar. Sobretudo os adolescentes são particularmente sensíveis a essa sedução. "Ah mãe, espera já vai terminar"; "ah agora não posso, está no fim"; "não posso deixar o colega" ... Fora do combinado: "mãe já fiz a lição posso jogar um pouco"! Os pais precisam de firmeza, de determinação. Há muita outra atividade cultural ou esportiva que pode enriquecer o jovem, sobretudo nesse momento da pré-puberdade e da puberdade, particularmente propício à aprendizagem.

A internet representa uma das maiores conquistas da tecnologia de nosso tempo. Além da rede de informações, conhecimento, meio precioso de comunicação entre os seres humanos. As redes sociais possibilitam a comunicação mundial como se estivéssemos num mesmo ambiente. As redes sociais facultam o contato (embora virtual) contínuo com nossos entes queridos e com o mundo. É o lado positivo. De outro lado, a rede antissocial emergiu com força total: os "imbecis" (U. Eco), os revoltosos, os recalcados, os ressentidos, os frustrados, os violentos, os fanáticos, os perversos surgiram como avalanche arrasadora. Insaciáveis, com fúria bárbara destroem, "cancelam" pessoas e maculam a honra delas. Alimenta-as um ódio arrasador. Ah! Por tudo na vida, importa livrar nossos filhos dessa peçonha anticivilizatória.

Não se pode privar os filhos do uso de eletrônicos, porém esse uso tem que ser disciplinado. A criança, o jovem por si sós não têm o senso do limite diante de aparelhos cujo uso é sem limite algum. O Google e outras redes têm essa consciência quando exigem treze anos para uma conta. O uso descontrolado dos eletrônicos foca a energia do sujeito no gozo infindo da internet, e ele fica alienado de si e de outrem. Trata-se de um vício perigoso: a criança e o jovem desligam-se de todos e de tudo; podem enlouquecer, ou sofrer alucinações. 14 anos. O rapaz chega ao pronto socorro trêmulo, assustado, alucinado, olho saltado e pernas inquietas...

O médico o interroga.

– Doutor eu não consigo dormir. Eu fico vendo os joguinhos até tarde e depois não pego no sono.

– Mas você não interrompe?

– Não. Eu uso fralda geriátrica.

É preciso não se enredar num individualismo avassalador em que nos fechamos no interesse próprio ou do grupo. A pandemia se globalizou e mostrou coisas muito humilhantes para a humanidade, escancarou uma pobreza vergonhosa e dolorida, uma injustiça social endêmica, fome, miséria. Revelou também a interdependência da família humana e uma certeza absoluta: "não nos salvamos sozinhos, sempre e somente juntos". É absolutamente fundamental para a salvação da humanidade e da casa comum, da natureza, que promovamos a "cultura do encontro". A meta sempre é o bem comum, a igualdade e a fraternidade.

De todo modo compete aos pais a permissão e o controle do uso das redes. Os pais precisam levar em conta a vulnerabilidade de seus filhos uma vez em rede. Eles precisam ter consciência do perigo de se exporem, de fornecerem informações privadas e de estarem sujeitos à exploração de desconhecidos e mesmo de criminosos. Importante: "não falar com estranhos"! Regra principal: colocou em rede acabou, irrecuperável. Internet é um arquivo permanente: é preciso desenvolver uma consciência firme de tomar muito cuidado daquilo que se digita. Os pais têm que estabelecer regras e horário no uso da internet. O ideal como tudo na educação é que essas regras sejam assimiladas pelos filhos como convicção e sejam observadas com lealdade. As regras são resguardo deles, a consciência da responsabilidade moral do uso do tempo. A lealdade entre pais e filhos, filhos e pais é um tesouro: a confiança reina soberana e a mentira é eliminada como praga perniciosa.

Finalmente é preciso assinalar que a internet vicia. E vicia como qualquer outra droga. "O whatsapp é um doente em UTI, sem respirador, postando selfies" (L. Muniz).

O problema sério é que a internet paradoxalmente produz o isolamento do sujeito. As comunicações virtuais se provam morbígeras. É uma conexão em que o outro é excluído. O uso intenso da internet acaba absorvendo apaixonadamente a energia do usuário. Não consegue viver sem digitar. Os jovens têm dificuldade de se concentrar no estudo e nos compromissos da idade. Os joguinhos em grupo ou individualmente se tornam obsessão verdadeiramente perigosa.

Pais frouxos com a Lei, acabam fragilizando a formação de caráter de seus filhos. Assim a Lei prevê que conduzir um automóvel só é permitido aos 18 anos. Importa não tergiversar. Simplesmente não pode. A recompensa da satisfação moral de estar agindo segundo a lei é muito superior ao gozo ilícito de guiar antes da idade, o primeiro é legítimo, resultado da lei cumprida e o outro é mais que ilícito, é perverso. O gozo da transgressão é imoral e culposo. Sem falar, no primeiro caso, do reforço na formação do caráter. Os anos passarão e o adulto de amanhã agradecerá à mãe ou ao pai que não lhe falharam na hora da voz da Lei.

Os males do uso exagerado dos eletrônicos vieram à tona durante o confinamento imposto pela Covid 19. O uso intenso criou fastio, repugnância, cansaço, desânimo.

Além disso, o anseio das crianças e dos jovens para voltar à convivência escolar mostrou que a internet de modo algum substitui esse valor inestimável para o desenvolvimento subjetivo e social. Nada substitui essa necessidade da convivência humana. Nesses anos de formação da criança, do jovem, o contato diário com as colegas e os colegas é de um enriquecimento contínuo e crescente. É durante esses anos que se aprende a conviver em sociedade, se aprende a aceitar as diferenças, se aprende a riqueza da fraternidade e do respeito entre os seres humanos. São esses anos que lastram os fundamentos da cidadania.

Enfim diante do avanço dos recursos tecnológicos, da inteligência artificial, precisamos defender os princípios da subjetividade, da identidade individual e da irredutibilidade do sujeito humano, portador de uma consciência moral. Não podemos não preservar o mundo interior da pessoa humana, um ser de desejo. De modo algum podemos ser vítimas de condicionamentos tecnológicos como se fossemos ratinhos pavlovianos.

"A isso vêm juntar-se as dinâmicas dos *mass media* e do mundo digital, que, quando se tornam onipresentes, não favorecem o desenvolvimento de uma capacidade de viver com sabedoria, pensar em profundidade, amar com generosidade. Nesse contexto, os grandes sábios do passado correriam o risco de ver sufocada a sua sabedoria no meio do ruído dispersivo da informação. Isso exige de nós um esforço para que esses meios se traduzam num novo desenvolvimento cultural da humanidade, e não numa deterioração da sua riqueza mais profunda. A verdadeira sabedoria, fruto da reflexão, do diálogo e do encontro generoso entre as pessoas, não se adquire com uma mera acumulação de dados, que, numa espécie de poluição mental, acabam por saturar e confundir. Ao mesmo tempo, tendem a substituir as relações reais com os outros, com todos os desafios que implicam, por um tipo de comunicação mediada pela internet. Isso permite selecionar ou eliminar a nosso arbítrio as relações e, desse modo, frequentemente gera-se um novo tipo de emoções artificiais que têm a ver mais com dispositivos e monitores do que com as pessoas humanas que nos permitem comunicar e partilhar conhecimentos e afetos, mas, às vezes, também nos impedem de tomar contato direto com a angústia, o temor, a alegria do outro e com a complexidade da sua experiência pessoal. Por isso não deveria surpreender-nos o fato que, a par da oferta sufocante desses produtos, vai-se crescendo numa profunda e melancólica insatisfação nas relações interpessoais ou num nocivo isolamento" (Papa Francisco – Laudato Sì).

Note-se: veio o telefone, veio o rádio, veio a TV e os pais foram educando seus filhos no uso dessas tecnologias. Agora cabe a nós pais educar nossos filhos no uso da Internet. Melhor que vigiar e controlar o uso dos eletrônicos é formar a consciência moral deles. Responsabilizá-los moralmente. Não tenho o direito de usar a internet para me prejudicar e por em perigo minha saúde física e psíquica. Não posso prejudicar o próximo com fake news, calúnia (oitavo mandamento) ou ódio e incitação ao crime, à desonestidade. Melhor que sermão: "Filho, filha, você precisa escolher: "para que lhe serve tal programa"... "No que esse programa o/a ajuda crescer pessoalmente?" ... "Qual o sentido de você frequentar um programa que lhe rouba a paz da alma?" "Lhe gera inquietude?" "Para que serve tal programa se ele não contribui para eu ser um ser humano melhor?" "Todo programa que me afasta da comunidade, do respeito e da convivência com os outros não me torna menos humano?" "No que os eletrônicos nos impedem de cumprir os nossos deveres, no que roubam o enfoque de minha energia" (pulsão)? Só formamos nossos filhos se neles criarmos a autonomia da consciência moral. Nessa altura da civilização, nós pais temos que formar a consciência deles no uso dos eletrônicos.

# Menopausa-Andropausa

Chegamos enfim à terceira crise da existência humana. Para todos, sem exceção alguma. Mais uma vez, em ninguém ela é igual à do outro. Os fenômenos são semelhantes enquanto sintomas, contudo na realidade são diferentes porquanto os sintomas portam a história vivida por cada um e, portanto, são vividos subjetivamente.

Situo esta crise entre 45-55 anos. Trata-se de uma passagem que pode se transformar em crescimento, maturidade e sabedoria para o sujeito humano. Como também pode explodir em doença física, mas sobretudo psíquica que ficou recalcada em anos passados.

Biologicamente essa crise se caracteriza pela cessação da função ovariana e pela diminuição acentuada da produção de espermatozoides. O efeito dessas disfunções aparece logo ao nível do corpo.

No infográfico sobre as três crises da existência do ser humano, coloquei em exergo uma das definições de crise do Aurélio: ... "lugar onde as coisas se misturam e se fundem". É realmente o que acontece na terceira crise da existência humana como logo mais veremos.

## A crise

A crise propriamente dita é sobretudo psíquica. A crise da menopausa - andropausa é uma crise preciosa. Ela é verdadeiramente o lugar onde "as coisas se misturam e se fundem".

Tudo se mistura realmente. Esta última crise da existência é de fato um crisol psíquico. Tudo que não foi resolvido ao longo da primeira metade da vida, sobretudo a maneira como passamos pelas duas crises anteriores, tudo volta à nossa consciência. Esta crise revolve nossos registros inconscientes de uma maneira impositiva. Esta verdadeira peneiração do passado é de muito valor senão de muita saúde para o resto da existência. Trata-se de uma limpeza do inconsciente. De um lado a consciência da transformação inevitável, física e fisiológica, anunciando nitidamente o desfecho da finitude, de outro a consciência invadida por retornos de registros malfadados de nosso inconsciente. Lembranças súbitas de fracassos, frustrações, sentimentos de culpa, pensamento fixo em trauma ou ato que fincaram marcos na existência, retorno à infância, à adolescência, épocas de saudades, recordação de amores bem ou mal vividos, angústias repentinas, inexplicáveis e perturbadoras, emoções fortes, vontade de chorar, choro fácil diante de cenas comoventes, labilidade afetiva ou humoral, falta de paciência quando contrariado ou tendo que esperar, movimentos de irritação ou raiva diante de lembranças desagradáveis quer de parentes quer de estranhos... Pessoas que superaram patologias mais graves: depressão, obsessões ou mesmo psicose, impossível não serem revisitadas por lembranças angustiosas das crises, dos sofrimentos. Senão por um novo surto. Nada de estranhar, inclusive a sensação de que se vai ficar doente de novo. Tudo o que faz parte do histórico está no arquivo do inconsciente: a volta é esperada, mas será sempre surpresa. Impossível repertoriar a infinidade de sintomas... Contudo não há como fugir à retrospectiva. O que importa ao psicanalista é acolher cada paciente em sua crise e ajudá-lo nessa travessia. Felizmente ela não é longa: meses, anos... tudo depende da renúncia ou resiliência de cada um frente ao real.

Paulo, 49 anos, funcionário público, está decepcionado com muita coisa. Decepcionado com o emprego: o salário não só não teve aumento há anos como foi rebaixado. Sem motivação para o trabalho, indignado com a situação política. Desânimo com as coisas em geral. Até a bicicleta já não a usa: "tenho vontade, mas não tenho disposição. Tenho um cansaço contínuo. Não tenho vontade de ver TV. O sono, sinto-o durante o dia; à noite me deito, mas fico com o pensamento acelerado, sobretudo com preocupações financeiras. Tenho uma ansiedade na hora de dormir. Acordo às 5:00 horas para chegar a tempo ao trabalho, mas isso me custa um esforço enorme. Até pelo sexo estou perdendo interesse. Estou indignado com a administração: tantos anos de trabalho e não tenho reconhecimento algum".

Maria, 50 anos, enfermeira, pesquisadora. Belíssimo trabalho: detecção da contaminação do endoscópio, esterilização de fungos e bactérias. Trabalhos publicados, vários congressos. Aposentou-se por tempo de serviço. Preocupação financeira: como suplementar a aposentadoria? Várias perspectivas, contatos diversos. Porém, sente desânimo generalizado, cansaço contínuo, vive falta de vontade para tomar iniciativas: coleta de material, exame microscópico, tratamento dos dados. A tese de doutorado parada. Várias ideias de trabalho ficam nos pensamentos. Ela mesma: "acho que tudo isso é porque estou em plena menopausa". Erro é tratar a crise como depressão sobretudo com antidepressivos, crise é passagem, não é doença!

A literatura descreve essa crise há muito tempo. Não há como escapar: a fatura acaba chegando. Vejamos dois exemplos.

Machado de Assis chega mesmo a abrir um capítulo das *Memórias Póstumas de Brás Cubas* sobre a crise dessa passagem: "Cincoenta Anos"... "Quando Virgília descia a escada tinha eu cincoenta anos. Era, portanto, a minha vida que descia pela escada abaixo – ou a melhor parte, uma parte cheia de prazeres, de agitações, de sustos – capacidade, dissimulação e duplicidade... cincoenta anos. Não era preciso confessá-lo... Mas, meia hora depois, quando me retirei do baile, às quatro da manhã, o que é que fui achar no fundo do carro? Os meus cincoenta anos. Lá estavam eles os teimosos, não tolhidos de frio, nem reumáticos – mas cochilando a sua fadiga... então pareceu-me a ouvir de um morcego encarapitado no tejadilho: Senhor Brás Cubas, a rejuvenescência estava na sala, nos cristais, nas luzes, nas sedas – enfim nos outros... Extinguiu-se o interesse de minha vida que era o amor. Cincoenta anos. Não é ainda a invalidez, mas já não é a frescura... não busca o olhar de hoje a mesma saudação do olhar de ontem, quando eram outros os que encetavam a marcha da vida, de alma alegre e pé veloz... Compreende que este turbilhão é assim mesmo, leva as folhas do mato e os farrapos do caminho, sem exceção nem piedade... Não sei, vou meter-me na Tijuca; fugir aos homens. Estou envergonhado, aborrecido. Tantos sonhos, meu caro Borba, tantos sonhos, e não sou nada". Ao ver seu amigo deprimido: Quincas Borba "bradou-me que ia escorregando na ladeira fatal da melancolia... não te deixes vencer desses vapores... cincoenta anos é idade de ciência e de governo... Ânimo, Brás Cubas... Que tens tu com essa sucessão de ruína a ruína ou de flor a flor?... As palavras do Quincas Borba tiveram o condão de sacudir o torpor moral e mental em que andava".

Nesta avaliação ou peneiração próprias à andropausa: "De como não fui ministro d' Estado vem em branco, apenas pontilhado"... "Há cousas que melhor se dizem calando"... "Se a paixão do poder é a mais forte de todas... imaginem o desespero, a dor, o abatimento do dia em que perdi a cadeira da câmara dos deputados"... "Dormi, sonhei que era nababo"... "reconciliei outra vez com o Cotrim"... "Reconciliação oportuna, porque a solidão pesava-me, e a vida era para mim a pior das fadigas, que é a fadiga sem trabalho"... os fenômenos de consciência são de difícil análise... "Os quadros eram tristes; tinham a monotonia da desgraça, que é tão aborrecida como a do gozo, e talvez pior". E o narcisismo patológico: "Mas a alegria que se dá à alma dos doentes e dos pobres, é recompensa de algum valor; e não me digam que é negativa, por só recebê-la o obsequiado. Não; eu recebia-a de um modo reflexo, e ainda assim grande, tão grande que me dava excelente ideia de mim mesmo"... Enfim: "Não alcancei a celebridade do emplastro, não fui ministro, não fui califa, não conheci o casamento. Verdade é que, ao lado dessas faltas, coube-me a boa fortuna de não comprar o pão com o suor do meu rosto. Mais: não padeci a morte de Dona Plácida, nem a semi-demência do Quincas Borba. Somadas umas cousas e outras, qualquer pessoa imaginará que não houve míngua nem sobra, e consequentemente que saí quite com a vida. E imaginará mal; porque ao chegar a este outro lado do mistério, achei-me com um pequeno saldo, que é a derradeira negativa deste capítulo de negativas": - "Não tive filhos, não transmiti a nenhuma criatura o legado da nossa miséria". Queria ele dizer: "da minha miséria"? "Memórias Póstumas de Brás Cubas" há um século profetizou: os Brás Cubas se multiplicaram no século 21.

Fiódor Dostoiévski em "Irmãos Karamazov" nos relata a história comovente de "um visitante misterioso", conhecido na cidade por suas obras sociais: "Tinha aproximadamente cinquenta anos, um aspecto quase severo, e era de poucas palavras". Conheceu o *Stárietz Zossima* numa reunião social e passou a frequentá-lo mais de uma vez por semana. As conversas versavam sobre os mais variados assuntos até sobre o Reino dos céus: "Para refazer o mundo de maneira nova é preciso que os próprios homens enveredem psicologicamente por outro caminho. A fraternidade não chegará antes que o senhor se torne irmão de toda e qualquer pessoa. Nunca os homens, levados por nenhuma ciência e nenhuma vantagem serão capazes de dividir suas propriedades e seus direitos com os outros. Tudo será pouco para cada um deles e todos irão queixar-se, invejar e exterminar uns aos outros". O "isolamento humano": "É aquele que reina em toda a parte e sobretudo no nosso século" ... E assim discorriam quando um dia, premido pelo retorno intenso do recalcado, o visitante sente uma dor de cabeça aguda. – O que o senhor tem, não estará se sentindo mal?"– "Eu... sabe uma coisa – eu... matei uma pessoa".

Viúva, jovem, rica, cortejou-a, mas ela já tinha se comprometido com outro... "A vista da mulher adormecida, a paixão ferveu dentro dele e, em seguida, a fúria do crime e da vingança se apoderou de seu coração e, ele, fora de si, como um bêbado, aproximou-se e transpassou-lhe o coração com uma facada de modo que ela nem chegou a gritar". Dispôs tudo para que a suspeita caísse para o empregado... "Atormentou-se durante algum tempo, mas não com isso, e sim por lamentar que havia assassinado a mulher amada, que ela não existia mais, que, matando-a, matara seu próprio amor, ao passo que o fogo da paixão permanecera em seu sangue. Naquele tempo quase não chegava a pensar no sangue inocente derramado, no assassinato de uma pessoa. A ideia de que sua vítima pudesse se tornar esposa de outro lhe parecia insuportável, por isso guardou por muito tempo em sua consciência a convicção de que não poderia ter agido de outra maneira". Durante "algum tempo, e longo até, realmente se sentiu tranquilo". Multiplicou sua atividade social, fez-se grande filantropo. Mas a crise da andropausa não pode deixar de ser um acerto de consciência do certo e o errado da vida passada. – "E mesmo assim acabou caindo numa aflitiva meditação, superior às suas forças". Contou "afugentar com o casamento sua solitária melancolia..." uma ideia constante passou a perturbá-lo: "Pois bem, minha mulher me ama, mas e se ela viesse, a saber"? A gravidez do primeiro filho anunciada: "Estou dando a vida e eu mesmo tirei a vida"? Vieram os filhos: "Como me atreverei a amar, a ensiná-los e a educá-los, como vou lhes falar de virtude? Eu derramarei sangue. Meus filhos estão crescendo belos, tenho vontade de acariciá-los. Mas não posso olhar para seus rostos inocentes, serenos; sou indigno disto". "Por fim começou a ter a temível e amarga impressão de ver o sangue da mulher assassinada, a vida jovem destruída, o sangue clamando por vingança". Passou a ter pesadelos terríveis... suportou os tormentos por muito tempo: "Expiarei tudo isso com meu suplício secreto"... "Essa esperança também foi vã; quanto mais passava o tempo, mais forte ia se tornando o sofrimento". Quanto mais o elogiavam e o admiravam pelas suas obras, "mais insuportável isto se tornava para ele". Pensou em se matar. Mas em conversa com o amigo acaba resolvendo: ... "levantar-se e apresentar-se diante do povo e anunciar a todos que havia matado essa pessoa".

Pensou nos seus: "Minha mulher, meus filhos". "Minha mulher talvez morra de desgosto"... "meus filhos... que lembrança deixarei de mim em seus corações"? "... meus filhos acabarão compreendendo talvez o que me custou esse sofrimento e não me condenarão. Deus não está na força, mas na verdade".

Na última festa de seu aniversário diante da família e de muitos amigos: "E como as autoridades estavam presentes, ele leu o que estava no papel em voz alta para todos os convidados, e no papel estava a descrição completa de todo o crime e em todos os detalhes: "Como um monstro, estou me expelindo do meio dos homens. Deus me visitou - concluía o escrito - quero sofrer. E aí mesmo tirou e pôs sobre a mesa tudo o que julgava ser prova de seu crime e que conservara durante catorze anos" ... "Todos ficaram surpresos e horrorizados, e ninguém quis acreditar naquilo, embora todos tivessem ouvido com uma curiosidade excepcional, mas como se ouvissem um doente, e passados alguns dias todas as famílias já haviam decidido e sentenciado de forma absoluta que o infeliz tinha enlouquecido".

Liev Tolstói em "Uma Confissão" elabora um verdadeiro tratado sobre a crise da andropausa. É de uma riqueza comovente. É de uma profunda humanidade. Escancarada. Que o leitor se enriqueça com a leitura plena desse livro emocionante. Não há como não se comover diante de tanta beleza moral, frente a tanta dignidade humana e grandeza de alma embora tenha lhe custado a excomunhão da igreja ortodoxa que até hoje, vergonhosamente, não a retirou.

"... O trabalho parecia andar bem, mas eu sentia que não estava em perfeito estado de saúde mental e que aquilo não poderia durar muito. E naquela ocasião, eu teria chegado ao desespero que, de fato, depois cheguei, aos cincoenta e dois anos, se não existisse, ainda, um lado da vida que eu não havia experimentado e que me trazia a promessa da salvação: a vida familiar".

"Assim eu vivia, mas há cinco anos começou a acontecer comigo algo muito estranho: comecei a ter momentos, no início, de perplexidade, de interrupções da vida, como se eu não soubesse como viver, o que fazer, e me perdia e caía em desânimo".

... "Minha pergunta, aquela que, aos cincoenta anos de idade, me levou à beira do suicídio..." o que vai ser daquilo que faço hoje, daquilo que vou fazer amanhã – o que vai ser de toda a minha vida"?

... "Para que devo viver, para que desejar algo, para que fazer algo"?

... "Para que o mundo existe e para que eu existo"? "Não sei".

... "Eu compreendi tudo. Eu estava buscando a fé, a força da vida, e eles buscam os melhores meios de cumprir perante as pessoas, determinadas obrigações humanas".

Uma coisa é certa: a crise chega. A conta também. De modo singular, ela retoma a história de cada um, tudo passando a limpo. E quem se rende ao real de seu histórico, o assume, não se desculpa nem dele foge, reconcilia-se consigo mesmo. "Fiz", "errei", "fiz o que pude, fiz o que achava certo". Esta é minha história, não há reconstruí-la. Apenas uma saída: "minha história é minha história". "Eu me rendo".

## O Físico

Nosso corpo por própria contingência biológica envelhece. Esse processo diz respeito ao corpo e a aspectos da mente. Vejamos sob a óptica do corpo.

Menopausa vem do grego e significa "cessação de sangue". É o sintoma mais visível no corpo da mulher. A medicina emprega também o termo climatério. Mas é interessante notar que "climatério" indicava "qualquer das épocas da vida consideradas críticas".

Quanto ao homem é curioso que se tenha forjado o termo andropausa. Embora essa crise se caracterize por uma redução significativa de espermatozoides na verdade não há uma "*pausis*", cessação do "homem" (αηνρ - ᾀνδρos = homem). Há lenta diminuição da libido.

De modo geral podemos dizer que por volta de dez anos antes dessa crise o corpo do homem e o da mulher mantêm o vigor próprio à vida produtiva. A partir de 50 anos, passada a crise, iniciamos verdadeiramente nosso declínio e caminhamos para a finitude da existência. E aí que começamos notar? Vários sintomas físicos e psíquicos. Os músculos começam a se enfraquecer (sarcopenia). A verdade é que a força muscular atinge o vigor por volta dos trinta anos. Daí em diante, lentamente esse vigor vai diminuindo e não para mais.

Todavia vários fatores induzem a fraqueza muscular. A vida sedentária é sem dúvida um dos fatores mais graves. Todo músculo mantém sua forma pelo exercício. Assim aquele vigor muscular que for possível manter mesmo após andropausa/ menopausa depende muito de exercício. A vida moderna, TV, computador, telefone, trabalho, home-office... tudo convida para a acomodação muscular. Vide por exemplo, o comando remoto da TV, das telas, das cortinas, do portão... agora da casa toda.

A vida sedentária é um veneno para a vitalidade muscular. E, pior, ela é muito prejudicial para a saúde em geral: brecha para o acúmulo de células adiposas, enfraquecimento dos músculos do coração, problema circulatório... Sem falar da acomodação preguiçosa do ponto de vista psíquico. Por vezes, a pessoa sedentária dá um passo, já se cansa e quer se aboletar. É um círculo vicioso. "O sedentarismo é pai de muitos males... A vida sedentária aumenta o risco do infarto do miocárdio, derrame cerebral, obstruções das artérias periféricas, insuficiência renal crônica, problemas de visão e cardiopatias... quando vem associada ao diabetes e à obesidade, os riscos se multiplicam" [12]. O coronavírus se mostrou particularmente fatal com pessoas sob essas comorbidades ou obesidade. Esta é uma prova de que os cuidados preventivos antes do envelhecimento e durante a velhice é tarefa benfazeja e frutífera.

A mutação radical dessa fase se deve à grande transformação hormonal. O organismo perde vigor na fabricação da testosterona, do estrogênio e do hormônio do crescimento (id.ib).

Os efeitos dessas disfunções aparecem a nível do corpo em vários sintomas. Há mudança na textura da pele: ressecamento que anuncia o envelhecimento. O enrugamento se espalha pelo rosto e corpo afora. Além disso perda de cabelos e pelos em geral. Eles branquejam.

---

[12] Dr. C. Varela, Folha de S. Paulo, 19/08/2018 - passim.

Uma observação a respeito das cirurgias plásticas. O consumismo global e a mídia se colocam na sedução dos que envelhecem sobretudo das mulheres. A cirurgia plástica aparece como a "arte" regeneradora do envelhecimento senão o mito da eliminação das rugas. E aí "a medicina" e a "farmacêutica" *antiageing* faturam milhões iludindo e seduzindo os /as incaltos/as.

Do ponto de vista da restituição estética, as decepções são múltiplas. Não raro são pretexto para processar os cirurgiões. O problema é o seguinte: no imaginário da paciente ela se prefigura "linda", reconstituída, rejuvenescida. Como isso não passa de imagens do imaginário o choque do pós-operatório consiste em fazer a pessoa cair no real e o sofrimento se instala entre o que ela fantasiou e o que de fato a cirurgia conseguiu realizar. Mesmo do ponto de vista estético essa "esticação" da pele reproduz um rosto artificial, repuxado. Por vezes é até difícil sorrir.

"O que leva uma mulher, escrevem R. D. Sanches e Baitello Junior, a promover alterações em seu corpo? Quando as imagens participam invasivamente da vida das pessoas, colocando-se como sucedâneo do mundo real, material, vivo e pulsante, temos uma das dimensões mais intrigantes das imagens: a iconofagia, um processo de devoração das imagens pelos corpos e devoração dos corpos pelas imagens"... "Da antropofagia criativa, nós consumidores, passamos para iconofagia, a devoração indiscriminada de padrões de cultura universal de imagens pasteurizadas e homogeneizadas".

Trata-se da "transformação do corpo em corpo-imagem, alardeada pelos mais diversos aparatos midiáticos como *avanço* da medicina estética".

"Beleza da mídia de e para consumo. Os autores citam o exemplo da modelo Andressa Urach que passou por 14 cirurgias em menos de quatro anos ao preço de 1 milhão de reais. "Morri para viver: Meu submundo da Fama, Drogas e Prostituição" (Planeta, 2015). "Em cada operação estética ela materializava o desejo de se tornar cada vez mais parecida com uma imagem idealizada que tem na indústria da fama" ... "Portar uma beleza midiática não significa ser saudável, mas ter uma imagem moldada para ser exposta" (Folha de S. Paulo, 29/07/2018).

Essa identificação imaginária consiste numa fixação (Freud) que equivale a uma loucura. É a objetivação, a captura pelo imaginário e o sujeito se apaga num narcisismo alucinante. Além disso, essas alterações não são sem perigo para corpo e mente.

A fuga do real sempre tem seu preço. Fisicamente ou psiquicamente, alto. Decepção, frustração, depressão...

## Cirurgias disruptivas

A procura da cirurgia plástica, de cremes, argilas, banhos especiais... denota essa fuga do real, uma tentativa de evitar o inevitável. Do ponto de vista psíquico isso acarreta um sofrimento ou mesmo um transtorno que impede a pessoa de acolher a mutação em trânsito, já que esses procedimentos se resumem num expediente ilusório. É procura de uma identificação imaginária que jamais corresponde ao real. Além disso, ela é neurotizante uma vez que é imaginária e só tarda o sujeito em se render à realidade da finitude anunciada. Há ainda um fator estético ou mesmo dinâmico na contração dos olhos ou dos músculos faciais que denunciam a superficialidade do subterfúgio.

Há dois outros tipos de cirurgia a meu ver anti-éticos porque levam o sujeito a tentar escapar do real: a bariátrica e a alteração dos órgãos sexuais originais do corpo.

A bariátrica, ideologicamente "justificada" como "obesidade mórbida" é um procedimento médico destitutivo do sujeito. É dita "mórbida" quando o peso de uma pessoa ultrapassa o valor 40 no índice da massa corporal.

Comer e engordar compreende uma relação de causa e efeito. Comer sem necessidade nutricional é um vício como qualquer outro: álcool, maconha... Portanto trata-se de uma dependência. Prova: ao tentar reverter o quadro o sujeito fica tomado pela crise de abstinência, sobretudo ao desmame. O vício de comer está relacionado aos primórdios da alimentação na infância. Em nenhum sujeito humano o vício de comer é igual. O único caminho no equilíbrio da saúde de tais sujeitos consiste em mergulhar na história pessoal, ir às origens (análise) e detectar onde houve sedução para gravar no inconsciente objeto de tanta atração ou fixação. O gordo ou a gorda fica fissurado/a no objeto-a comer. Com outras palavras, o próprio ao sujeito humano é assumir sua história e não ser vítima dela. Cada obeso, portanto, tem dentro de si a razão do porque o comer lhe causa fissura. Sem descobrir esse dado histórico inconsciente ele não se desenrosca do vício. Então fica claro que não existem dois regimes de emagrecimento iguais. Se o paciente não descobrir o que o atrai como próprio na absorção desnecessária da comida, todo e qualquer regime é inútil e ineficaz. Se o paciente faz o regime do médico, o da nutricionista, ele simplesmente não faz regime próprio. E aí tudo volta como antes: é o regime "sanfona". Mais sério: sua saúde fica comprometida porque ele não cuidou dela, quem dela cuidou foram profissionais que cuidam do corpo, das células adiposas, de calorias... E estes não enxergam o sujeito humano e muito menos se voltam para sua história familiar. Nem sequer se tocam pelo determinismo da epigenética. É assaz grosseiro pensar que se trata apenas de comida.

Isto dito, evidencia-se que a cirurgia bariátrica é um procedimento mutilante com difícil ou nenhuma cobertura ética. Para se dar boa consciência o cirurgião se cerca de grupo de psicólogo, nutricionista... que induzem o paciente a se entregar à intervenção. Iludem o paciente, responsabilizando seu órgão digestor como se fosse ele a causa do acúmulo das células adiposas. Um órgão sadio, em plenitude de suas funções. Uma "solução" mecânica para um processo "psíquico". Essa destituição do sujeito lhe cria angústias de várias ordens: primeiro, os distúrbios digestórios e cessação da fabricação de vitamina; segundo, a ambivalência psíquica entre o impulso do vício e a limitação estomacal. A prova disso é: em que pesem os vômitos iniciais, a mesma atração anterior à cirurgia (que era o problema pessoal a ser resolvido) volta com tudo. E não é que a maior parte consegue dilatar o restante do estômago e volta a engordar!

Isto é o lado físico, mas o aspecto psíquico é que fica conflituoso e muitos pacientes adoecem gravemente, seja no físico, seja no psíquico. Tive paciente tomada de uma angústia, de uma ansiedade desesperantes. Não raro afundam-se na bebida! Esta é uma medicina de mercado, intervencionista, mutilante e absolutamente destitutiva do sujeito. Muito oportuna para ganhos financeiros na medida em que a medicina cada vez mais se socializa. Muito de acordo com a ideologia consumista onde o "amor", os compromissos, os pactos sociais, a assunção do corpo se "liquidificam" (Bauman, Z.). A pulsão solta transforma o sujeito de desejo em individuo escravo da vontade de gozo. Simplesmente deixa de ser sujeito.

E o sujeito, muito longe de ter um corpo próprio! E sem "corpo próprio" é adoecimento anunciado. "Mãe, deixa eu comer a vontade porque depois eu faço a cirurgia bariátrica", dizia uma garota a sua mãe.

Enfim, cirurgia bariátrica por sua vez, é puro consumismo, é cuidar do sintoma como o uso de psicotrópicos e deixar a causa intacta. Essa cirurgia não coloca um quadro explícito de deontologia médica?

A obesidade é uma endemia do século passado e deste século. Ela é o fruto da exploração da população mundial principalmente por multinacionais de alimentação.

**Outra cirurgia** desastrosa que não raro leva ao suicídio: a transgenérica. A sexualidade humana se estrutura no simbólico, isto é, a identificação primária sexual se efetua na mente do ser humano e no correspondente desejo específico. Como consequência, essa identificação nem sempre acompanha a diferença das genitálias. Uma mulher pode ser sexualmente um homem em seu desejo sexual e um homem pode ser uma mulher. Esta identidade é nominada de transexual.

Ocorre também que o sujeito pode ser homem e ter como desejo o mesmo que uma mulher hetero. Valha o mesmo para a mulher que tem como desejo o mesmo que um hetero tem por uma mulher. Em ambos os casos falamos de uma identidade sexual homo.

Enfim temos a identidade hetero, aquela que acompanha a diferença anatômica de macho e fêmea.

Essas "definições" são genéricas ou mesmo grosseiras. Cada ser humano porta uma identidade sexual que lhe é própria no modo e grau dela. Cada sujeito humano tem uma posição sexual que lhe é absolutamente específica, própria. E essa especificidade que não foi escolhida pelo sujeito precisa ser acolhida e respeitada por ele e por outros.

Mas quando se trata do transexual, no mundo atual da visibilidade e do imaginário em disparada, não é incomum a tendência a procurar cirurgia de designação de gênero (genitoplastia).

Muito além da contrafação ou da inautenticidade da neovagina ou do neofalo, esse tipo de cirurgia gera conflitos físicos e, sobretudo psíquicos. Os físicos advêm da inadequação ou artificialidade da reconstrução das genitálias. A frustração não é pequena, é chocante. Porém o pior advém da ambivalência dos sentimentos. Essa cirurgia é a procura de uma identificação secundária, isto é, imaginária, para que o corpo coadune com a identificação subjetiva primária. Mas o resultado é verdadeiramente decepcionante. Ilusório. Senão desastroso.

A psicanálise, mais uma vez, comprova que toda vez que o ser humano foge ao real (dizemos: não se castre diante dele) e procura uma identidade imaginária, ele entra em sofrimento que pode se desdobrar em patologias como neuroses ou, mais grave, psicoses, ou passagens ao ato (suicídio) que é uma loucura momentânea.

A sexualidade humana, longe de ser instinto, é muito complexa e multifacetada. Ela tem que ser assumida por cada sujeito segundo a estrutura que ela tomou por volta dos 5 anos de idade. Paradoxalmente a sexualidade humana faz sofrer. Ela, estruturalmente, se especifica pela falta.

A psicanálise é por excelência a clínica do sofrimento humano. Ela define "que o normal e o anormal dependem da castração" (Lacan, J.). Traduzindo esse princípio para o tema em pauta: sofrerá menos o sujeito humano que aprender a se render à identificação sexual que ele porta, sem buscar subterfúgios, identificações sexuais outras e, evidentemente, sem alterar o real do corpo que lhe é próprio. O sofrimento advindo do corpo não modificado por cirurgia será sempre menor do que aquele que é fajutamente alterado. Antes, pelo menos, tinha um órgão que podia lhe fornecer um orgasmo embora com fantasia em outro sexo. A identificação imaginária sem ancoragem no real e no simbólico, em si já é a própria definição de doença psíquica.

A discordância psíquica, a ambivalência em relação ao corpo alterado suscitam angústia crescente com consequências sérias, como depressão não raro, suicídio. A única paz de espírito possível é a castração: se render diante do corpo com que nasceu e com a sexualidade mental adquirida por volta dos cinco anos. A psicanálise trabalha com o real... com a verdade. E só a verdade livra, traz paz ao espírito.

## Esquema corporal

Outro assunto inerente à mutação corporal da terceira crise é a mudança no esquema corporal. O ser humano muda três vezes de esquema corporal. A primeira mudança ocorre pelo quarto e quinto ano de vida. A incoordenação motora da criança vai cedendo na razão direta da mielinização neuronal e na aquisição da marcha e do equilíbrio corporal. Outra mudança acontece na puberdade, como vimos. Mas essa mudança de esquema corporal (como a primeira) vai se afirmando ao longo dos 5 ou 6 anos da crise da adolescência. Normalmente, acaba no domínio de um esquema seguro de equilíbrio postural, localização e desempenho das mais diversas atividades. Essa aquisição permanece firme, segura, até a chegada da terceira crise. Porém, a partir da menopausa e da andropausa esse esquema não para mais de se alterar até o fim da existência.

Homem ou mulher não se escapa da descida da curva da existência bem simbolizada como a insegurança de uma descida sem corrimão.

No imaginário e no simbólico durante o tempo da juventude, isto é, dos 20 aos 40 anos, mais ou menos, usufruímos de um esquema corporal que nos permite agir com segurança sistemática. Conhecemos nosso corpo, estamos seguros da articulação de nossos membros superiores e inferiores como temos certeza de nosso equilíbrio e desenvoltura. Agora, nessa terceira crise começamos a constatar que não podemos mais confiar na suposição desse esquema. É preciso, é saudável, é prudente desconfiar continuamente dele.

Imaginamos que nossos passos estão garantidos pelo movimento de nossas pernas, mas a realidade nos adverte que as coisas estão mudando: nossos pés começam a levantar a ponta do tapete, tropeçamos com facilidade, a ponta dos sapatos desgasta-se nas alterações da calçada, ou chocamos os pés nos degraus ao subir, vamos calçar meias, sapatos ou levantar os pés para os lavar no banho... pernas e pés cada vez menos obedecem o esquema anterior registrado em nosso imaginário. A mesma coisa com as mãos e os braços: pegamos um copo no armário ao retirá-lo ou o esbarramos em outro ou o batemos no canto do armário; na mesa derrubamos suco, tiramos mal a comida das travessas, ao passarmos um prato em recolhendo a mão acabamos esbarrando-a em outro objeto; ao fecharmos a veneziana batemos a mão contra a vidraça, ao colocar a cinta pulamos passadores, erramos as casas ao abotoarmos os botões da camisa, os homens esquecem de fechar a braguilha, ao levantarmos o pé para subir um degrau ou um banquinho verificamos que o pé não chega lá e ao descer escada o calcanhar roça a quina do degrau... Aos poucos notamos que não temos o mesmo equilíbrio e constatamos que nossa força vai definhando: já não levantamos os mesmos pesos... não temos a mesma força nas mãos. Finalmente chegamos à bengala e ao andador... e à cadeira de roda! Urge usarmos e abusarmos de corrimão.

O que importa é manter viva e ativada a vida que nos resta. Diante das limitações musculares e do esquema corporal em mutação temos que desenvolver um senso crítico contínuo e sempre estarmos alertas ao movimentar o corpo. O segredo de envelhecer consiste em assumir as limitações assim como elas vão chegando. Lidar com o real é manter a saúde mental em dia. Prejudicamo-nos muito quando nos refugiamos em lamentações ou em idealizações estéreis ou em comparações com a vida passada. Quando lidamos com a realidade do envelhecimento podemos cuidar de nós mesmos o mais independentemente possível.

O esquema corporal pode sensivelmente ser reconstruído em nossos cuidados de higiene. As limitações do corpo poderão ser incorporadas na medida da chegada delas. No banho, por exemplo, notaremos que nossas pernas não dobram como antes, nossas mãos já não chegam lá para lavarmos as costas, assim a planta dos pés, os interdedos... Importante termos um suporte para os pés no banheiro ou um banquinho. A pele que vai perdendo vitalidade precisa ser cuidada com atenção. Igualmente ao enxugar os pés, os interdedos, as dobras do corpo, a virilha é preciso não deixar água ou umidade. Onde há umidade aí proliferam bactérias e fungos ou reações cutâneas que podem evoluir em eczemas, protuberâncias (ceratoses) ou verrugas. O câncer de orelha é muito frequente. E do pênis também. Quase sempre ele incide por falta de limpeza. O enxugamento correto é muito importante. É bom lembrar que bactérias e fungos são oportunistas: favorecendo o ambiente as colônias se multiplicam rapidamente. É preciso evitar que o tecido acabe necrosando.

É muito importante prestar atenção ao movimento de nossas mãos e dos braços, cuidar continuamente de nossa marcha, sobretudo atentos aos passos. Evitar de todo o jeito arrastar os pés; conscientemente levantar os pés ao darmos os passos. O perigo de cair está em que, além de possíveis fraturas de fêmur, bacia, crânio, braços... o idoso não tem mais força ou agilidade para se levantar. Além disso, a queda tem um sentido moral pesado para ele ou ela: a constatação da impotência diante do envelhecimento e morte. Muitos idosos morrem após fraturas graves.

A atenção deve particularmente ser ativada na condução de veículos. É preciso ir refazendo o esquema de guiar sobretudo nas manobras onde facilmente ralamos o carro ou na marcha à ré, batemos o para-choques, apesar dos sensores. Na condução em estradas ou ruas movimentadas, preocupação contínua com as motos que subitamente nos surpreendem de todo lado. É fundamental manter a atenção na frente da via e ao mesmo tempo não se distrair dos três espelhos retrovisores. Enquanto essa acuidade puder ser mantida ainda podemos guiar. Muito cuidado no caso da aquisição de novo veículo: é preciso tempo para ter o domínio dele, o conhecimento de suas dimensões nas manobras.

Não escapamos da finitude. Se tal, por que não lidar com esse real que se transforma dia a dia? Por que não levar no bom humor as limitações que a existência nos impõe? Rir de nossos achaques? O humor é sempre uma saída inequivocamente humana.

## Alimentação

Já que falamos de corpo e esquema corporal vale a pena uma nota sobre a alimentação.

O ser humano é único que consegue não obedecer ao *feed-back* que nosso cérebro emite quando estamos saciados. É exatamente a ultrapassagem desse aviso que faz as pessoas engordarem. E peso inadequado ou simplesmente sobrepeso é resultado de vício de comer, vício que anuncia patologias as mais diversas como diabetes, problemas cardiovasculares, dificuldades locomotoras... A obesidade pode estar ligada a disfunções hormonais, mas raramente. Normalmente ela é causada por problemas epigenéticos e, sobretudo, por maus hábitos de alimentação que foram implantados na infância. Problemas registrados ao redor do objeto-a seio, sobretudo ao desmame. Portanto, temos que considerar que excesso de peso é uma doença, e doença que gera várias outras que acabam encurtando anos de vida. O adulto precisa comer apenas o tanto necessário para manter a saúde. Desse quantum cada qual tem a consciência. Assim que se percebe que o peso ideal para cada tamanho corporal começa a subir é hora de seriamente cortar parte da alimentação.

O obeso é sempre espaçoso para si e para os outros. O obeso incomoda a si e aos outros. Se a locomoção se torna difícil com o envelhecimento, muito mais difícil se torna para o obeso, difícil para si e para os outros, sobretudo os familiares. As pernas acabam fraquejando e o coração se cansa de fazer o sangue circular por tantas células inúteis. Gordura em excesso é doença mesmo.

Curioso notar que obesos infectados da Covid 19 apresentaram maior mortalidade. Gordura em excesso se verificou uma comorbidade.

De outro lado podemos adotar uma alimentação sadia, leve e gostosa.

Uma dieta simples, comer saudavelmente consiste em sair da mesa com a sensação de fome ainda. A dieta mediterrânea se comprova saudável para o coração. O jantar sobretudo deverá ser sempre leve, o que permite uma boa qualidade do sono.

Finalmente é preciso lembrar que o idoso se desidrata facilmente: dor de cabeça, câimbras, mal-estar podem ser sintomas de desidratação. É importante ingerir água, sucos durante o dia, mesmo não tendo sede.

## Aposentadoria: Plano B

E por falar em terceira crise, não há como fugir da aposentadoria. Ela faz parte determinante da qualidade de vida em nosso último quarto de existência. A coisa mais importante é se render que esse tempo chega para todos.

Essa renúncia é benfazeja se ela se transforma em outra forma de viver a existência. Trata-se de se preparar para a aposentadoria. Essa preparação consiste essencialmente num plano B. Não importa qual seja, pode até ser um simples hobby. O que é preciso é que haja um projeto a ser realizado. Tive exemplos os mais diversos dos mais simples aos mais elevados: bordado, costura de roupa para crianças carentes, hospital de crianças com câncer, moradores de rua, acolhimento aos migrantes, procura de empregos ao desempregado, comida aos pobres, aprofundamento de pesquisa e estudo, dedicação à escrita de livros, aulas de informática a idosos, cultivo de orquídeas, cuidado de horta e pomar... O que verdadeiramente importa é uma atividade que resulte de uma escolha bem definida e que alimente na mente e no coração um projeto atrás do outro. A vida tem sentido enquanto temos projeto. O ser humano se distingue de todo outro ser por ser um ser de desejo: ... "não demanda o que fazer senão aquele cujo desejo se apaga" (Lacan, J.).

E aí é muito triste: o sujeito que não faz um plano B corre o sério risco "daquele cujo desejo se apaga". A depressão visa exatamente um tal sujeito. A vida perde sentido, o sujeito mergulha num solipsismo assustador, seu imaginário vira tormento puro, tortura implacável senão catastrófica. Para de criar. As doses maciças de antidepressivos coçam os sintomas e deixam intacta a etiologia deles. Grandes executivos, globalizados, poderosos, regalias infindas... Chega o dia! Aí, verdadeiramente, queda livre num vácuo sem fundo! Um paciente, muito sofrido, ao atingir a idade limite: "tive uma aposentadoria expulsória". Foi uma aposentadoria indesejada, sem plano B. Psiquicamente não se aposentou, não conseguiu fazer o luto do emprego.

Nesses casos, se o paciente tem a felicidade de encontrar uma ajuda psicanalítica logo no início, o prognóstico é bom. Mas o perigo depende do tempo ou da demora em ser acolhido numa análise, tratamento que pode ajudá-lo a reconstruir sua vida e redirecionar seu desejo. Caso contrário, se essa depressão for cozinhada em psicotrópicos ou terapias alternativas que sequer tocam nas causas, o perigo da cronificação ou mesmo o de uma passagem ao ato (suicídio) não podem ser descartados.

O neurologista Olivier Sacks escreveu em "Cérebro Idoso": "Para que o cérebro se mantenha sadio ele precisa se manter ativo, fascinar-se, divertir-se, explorar e experimentar até o fim". O plano B possibilita que o cérebro não se aposente e nem fique doente.

As empresas (ESG) e mesmo a política pública deveriam ter um plano para aqueles que se aposentam. A saúde física e sobretudo a saúde mental dependem de um sentido de viver.

## Memória

Outro capítulo importante nessa terceira crise. Hoje, estatisticamente, conclui-se que o abandono da atividade mental contribui para as doenças degenerativas do sistema nervoso, como parkinson, alzheimer que considero autoimunes. O sistema imunológico consiste em estruturas e processos biológicos que protegem o organismo contra doenças. Trata-se de algo maravilhoso do organismo: esse sistema detecta a invasão de um vírus ou bactéria e imediatamente ativa processos de combate a eles e de proteção das funções orgânicas. Nosso organismo ao longo de sua evolução possui uma memória imunitária. Porém o processo autoimune é algo que a medicina não sabe como explicar: em todo o caso as doenças autoimunes como psoríase, púrpura, lúpus, artrite reumatoide, retocolite aguda, hemorroidas... consistem num enigma: elas atacam um órgão do próprio corpo, a pele por exemplo, e o órgão fica sem defesa imunológica. A psicanálise detecta uma origem inconsciente dessas doenças. Elas estão ligadas a registros inconscientes de sofrimentos não resolvidos que explodem a nível do corpo.

Duas filhas: uma nasceu com cabelos escuros, a outra, com cabelos ruivos de que se envergonhava e era objeto de gozação dos colegas. "Mãe, por que eu não tenho cabelo como minha irmã"? "Você nasceu com cabelos iguais aos dela, depois mudou". A mãe, aflita e bem intencionada, ocultou a verdade, mas a não-resposta engasgou no inconsciente da paciente e autoimunemente aninhou-se em articulações dolorosas. Ela descobriu em sua análise que "seu" lúpus tinha aí sua origem: passou a respeitar a si mesma, vivia fora de seu corpo real por não integrar seus cabelos. Desligou-se da "articulação" com sua irmã e o lúpus desapareceu e não voltou mais.

Em geral as doenças autoimunes, às vezes com prognósticos sombrios como no caso de parkinson e mais ainda de alzheimer, elas se originam de uma existência muito sofrida, com grandes frustrações, graves perdas ou decepções, sobretudo de situações sem saída. Há também as que emanam de problemas relacionados à criação ou a pendências com pai ou com mãe não resolvidas. Na verdade, só a clínica pode detectar a origem de uma doença autoimune. A psicanálise encara essas doenças como causadas pelo mesmo mecanismo da loucura: a foraclusão. E ainda mais com lesão de órgão. Sintomaticamente essas doenças se assemelham, mas a causa delas é estritamente pessoal, dimana do histórico da existência. "Nenhuma experiência de analista pode pretender apoiar-se sobre gente suficiente para generalizar" (Lacan, J.).

Isto dito, o importante é que o envelhecimento não seja vivido como catástrofe e, sim, como destino da finitude. A perda da memória, sobretudo no caso do Alzheimer, onde é radical, é sintoma mais marcante.

Mas independente dessa patologia radical, que é degenerativa, a perda da memória presente é um sintoma que faz parte da estrutura do envelhecimento. Não devemos ver este sintoma como tragédia. Pelo contrário, podemos abrandá-lo e muito.

Primeiro importa não ficar aborrecido por isso e evitar a atitude derrotista. Há meios importantes para manter a memória. A medicalização dela é a pior de todas. O paciente entra em inércia fatídica à espera de que a "medicação" lhe restitua o que a natureza vai modificando.

Na leitura de uma obra, romance ou outra, devemos fazer uma lista dos personagens e quanto possível ter um caderno (ou fichas) em que anotamos as frases que nos inspiraram, nos foram mensagem. Isso ativa nossa memória, enriquece nosso conhecimento e nos fornece a sensação do belo. O retorno a essas fichas reativa a memória e nos encanta de novo: o belo nos arrebata e nos enleva no gozo do espírito: nós reavivamos aquele primeiro encontro que nos surpreendeu. É muito bom termos um tesouro de mensagens que selecionamos ao longo da existência. Ao revisitá-lo, é uma *"idée-force"*, é a força de uma ideia que reilumina o espírito e dá energia para a caminhada.

A leitura diária de um jornal, por exemplo, mantém nossa memória viva porque acompanhamos a história contemporânea, ligamos os fatos e desenvolvemos um ponto de vista crítico. Sentimo-nos inseridos na história atual e desenvolvemos compreensão e crítica dos acontecimentos. Muito importante a participação política e o conhecimento das pessoas ou entidades que inovam ou promovem a inclusão dos desvalidos ou descriminados.

Ajuda sobremaneira a prática de palavras cruzadas. Porém, há uma regra importante: sempre que não nos lembramos de um fato, de um personagem, de uma pessoa, não deixar barato. Ir atrás para recuperar a lembrança perguntando a quem pode nos informar ou recorramos imediatamente ao dicionário ou à internet. Uma vez restituída a memória do fato esquecido, anotá-la. Anotar é fundamental senão esquecemos de novo e não regravamos a palavra.

Por falar em anotação, nesta fase de nosso amadurecimento é importante, senão fundamental ter sempre à mão um papel e lápis ou o celular para registrar as coisas que devemos realizar. Nunca dizer:

"depois eu faço". Você corre o risco de encontrar a pia inundada porque esqueceu que ligou o filtro do pote, ou mesmo de deixar o fogão ligado. A memória visual – escrita – é um excelente recurso. Recorrer a essa prática mantém a memória viva. Se você pôs a panela no fogo, por exemplo, e vai fazer outra coisa, leve consigo um "*aide-mémoire*" (um "ajuda-memória") como uma panela menor ou uma tampa, ou simplesmente uma anotação.

Hoje estamos diante de um grande obstáculo para o uso da memória. Alguns anos atrás, sabíamos de cor muitos números de telefone, endereços, referências... Hoje apertamos um botão e a ligação se efetua, o mesmo com os canais de TV. Simplesmente ativamos o botão do comando remoto. Vivemos um momento difícil da história humana: somos cada vez mais humanos sem memória: do passado familiar dos nossos antepassados, de nossas amizades, da história, da política... Hoje vivemos alucinadamente o presente... O noticiário de ontem já não nos interessa, quero o de hoje. Somos tomados por um imediatismo exasperante. Uma paciente chegou ao ponto de ter três televisões ligadas ao mesmo tempo: na cozinha, na sala e no quarto. Ao se deslocar em casa não podia perder notícia alguma. Com certeza, quanto mais nos esforçamos para reter mensagens mais saúde terá nossa memória.

A memória escrita permite uma nova inscrição mental. A escrita faz parte do real, ao passo que a lembrança é um registro do imaginário. É ficção logo substituída por outra. O real da escrita, porém "está sempre no mesmo lugar". Hoje tudo ficou fácil, podemos recorrer ao Google ou à Wikipédia. E essa facilidade é uma cilada, gera preguiça mental e não retemos a palavra ou a informação buscada. Em todo o caso, é importante não deixar perecer a recordação. Existe uma prática simples que pode ajudar muito a recuperação da memória de uma palavra: a fim de a gravar ligá-la à outra palavra que de algum modo a contém ou a lembra. Exemplos: esquecer a palavra embaúba, nome de uma bela árvore no meio da floresta: ligá-la a "baú". Outro exemplo: esquecer o nome do grande pintor Caravaggio. Ligado a "cara" a lembrança se restabelece. Freud demonstrou que o esquecimento é sempre produzido por um motivo de nosso inconsciente, algo que é previamente censurado.

Nosso cérebro tem recursos imensos. Nós passamos a vida usando muito pouco dele. Além disso, há uma teoria atual neurológica que afirma: a célula nervosa que detinha a memória pode até ter perecido, mas uma outra, sempre disponível, pode registrar de novo a mensagem esquecida.

A leitura sistemática dos grandes romances, das obras clássicas da literatura mantém nossa memória ativa no pensamento dos autores. A leitura da bíblia, particularmente, apresenta um recurso especial para registrar mensagens milenares que, de quebra, confortam espiritualmente. É inacreditável que seis, sete, oito, nove, dez séculos antes de Cristo textos tão lindos e de tanta sabedoria tenham sido escritos dentro duma lógica precisa: o Livro do Gênesis, Êxodo, o Livro da Sabedoria, o dos Provérbios, o dos Profetas, o dos Salmos, e mais "atuais", os Evangelhos, as Epístolas... é simplesmente encantador.

O uso do facebook, instagram, whatsapp infelizmente não ajuda a memória. São comunicações virtuais, fora do real, imaginárias e muito voláteis. Trata-se de uma enxurrada de informações que só alimentam ansiedade, solicitação imediata por outras.

É bem conhecido, repito, que palavras cruzadas, uso do dicionário, conservam uma memória viva e cada vez mais ampliada.

Reter números de telefone, endereços, rever fotos ou diário de regiões ou países visitados é excelente meio para fortificar a memória. Reforça essa retenção fazer as operações matemáticas mental ou manualmente e não usando a calculadora. Por princípio, evitemos a calculadora. Preservemos o raciocínio matemático: manter o uso da tabuada, fazer as quatro operações básicas... A matemática propicia ao sujeito um gozo especificamente humano: um gozo psíquico, uma satisfação do espírito. É o gozo lógico. Enfim conservemos essa excelente atividade para a vida de nosso raciocínio lógico. Nesse mesmo sentido é importante termos o controle de nossas finanças: administrar contas, gastos, gerir nossas economias. O controle mensal do uso do dinheiro é de grande valor na ativação da memória, e, sobretudo na segurança financeira e satisfação subjetiva.

Enfim como somos seres falantes, muito importa não usarmos etiquetas ou carimbos para caracterizar as limitações que o envelhecimento vai nos impondo. A palavra tem seu efeito performativo, ou seja, nos entregamos fatalmente ao "slogan", carimbo e assim envelhecemos nossa mente e nossa criatividade: "Não consigo guardar números", "não me lembro de nomes", "nunca gostei de matemática", "tenho dificuldade de aprender outra língua"... E assim, de refrão em refrão, vamos nos fechando à criatividade e nos envelhecemos mais cedo. Cedemos à etiqueta imaginária e estagnamos. Ao passo que ao vencer o preconceito, ao deletar etiquetas nos colocamos sempre a caminho de aprender o novo. Sempre que acolhemos uma limitação que o envelhecimento traz, estamos lidando com o real e aí conservamos nossa criatividade, podemos inventar saídas.

Nesse sentido facilmente nos tornamos perigosamente vítimas do "mito familiar", isto é, da história familiar veiculada oralmente através das gerações. Há "doenças" familiares: elas ocorrem por estarem impregnadas no imaginário: "Minha avó, minha mãe tiveram câncer de mama, eu dificilmente escaparei"... "Meu pai, meu irmão e eu temos o mesmo problema de digestão"... "Eu desde pequena sempre tive intestino preso"... vitimizações morbígenas exclusivamente em função de palavras performativas. Não posso evitar ou fugir de ter nascido desse pai e dessa mãe, mas é simplesmente absurdo que me faça vítima do "mito familiar". Eu posso quebrar essa cadeia de palavras, significantes, que sobre-determinam minha vida, desde que cesse de ser vítima dessas etiquetas imaginárias e me torne sujeito da minha história.

## Sono

De todas as atividades fisiológicas, clinicamente falando, hoje eu reputo o dormir como essencial. Satisfeita a necessidade do sono, o resto segue. A começar pela criança ou o adolescente que precisam poupar energia física para crescer. O sono é a atividade física mais reparadora. A criança que não dorme o suficiente é uma criatura irritada, nervosa, impertinente, chorona, nada a consola. O adulto que dorme mal tem seu dia estragado: não consegue pensar direito, não tem disposição para o trabalho, tudo o irrita.

O sono é uma das atividades fisiológicas mais deliciosas da vida. Que prazer desligar-se da consciência e se ausentar do mundo que nos rodeia, das ocupações ou preocupações diárias!

Todavia, infelizmente o sono em nossos dias virou problema senão patologia. E isso começa na infância como vimos: pais que em vez de propiciar o prazer e alegria do sono à criança fazem do dormir uma verdadeira batalha. Negociam com a criança, criam condições para ela dormir, como deitar junto, pegar na mão, carregar no colo, ninar, cafuné, contar histórias... Artifícios prejudiciais a uma saúde prazerosa inerente ao dormir em si. Uma vez adulto, o dormir "problemático" voltará com tudo. E aí o que seria uma delícia vira angústia: angústia pela hora que passa, angústia por enfrentar o dia seguinte. Em nossos dias, uma tragédia ameaça a população do mundo todo: buscar recurso químico para induzir o sono senão psicotrópicos vários. Tragédia porque não há como evitar a dependência medicamentosa. Um vício imperioso, dificultando assumir o dia seguinte. Partamos então da ideia que a pior solução para o sono são os psicotrópicos.

As multinacionais de medicamentos acabam se locupletando graças a desgraçar a saúde humana. Os laboratórios de medicamento gozam de um privilégio único: milhares e milhares de médicos a serviço gratuito deles. Servos fiéis e obedientes ao "novo" folheto de propaganda de medicamento.

A terceira crise traz com sua mudança hormonal uma alteração na fisiologia do sono. A partir dessa crise, homem ou mulher raramente dormem noite de um sono só: o normal dessa fase em diante é que se acorde após três ou quatro horas de sono. Portanto o acordar ocorre como próprio à mudança de idade. Quando se incorpora essa transformação, preferivelmente sem acender a luz, pode-se levantar, ir ao banheiro ou mesmo tomar agua ou leite, chá... voltar à cama e o sono fará logo seu trabalho. Isto, fique claro, desde que se renda que essa mudança veio para ficar. Esse sono terá a qualidade repousante necessária para a reposição das energias. Com essa idade a necessidade do sono pode passar a 6 horas, mas isso não impede que o sono seja suficiente. A necessidade de sono não é igual para todos.

Quem se vicia em psicotrópicos pode até dormir uma noite toda, mas acordará com a sensação de ter mal dormido, olhos pesados, raciocínio retardado e pouca disposição para o trabalho. Não se altera à toa o sistema nervoso: ele funciona "envenenado". Isto é uma chaga: fruto do consumismo e imediatismo do mundo "líquido" atual. Interessante que o psiquiatra e mesmo outro médico não tenha a mínima sensibilidade para escutar o paciente e lhe sugerir recursos outros para proteger o sono. A receita vem automática. E de psicotrópico. Jamais uma alternativa, um remédio natural ou uma orientação médica sobre o sono e hábitos. "Não existe forma de tratamento mais simples e eficaz para restabelecer a saúde e a qualidade de vida do que a cura fornecida por uma vida natural" (Paul C. Bragg - PHD). Os médicos, sobretudo os psiquiatras, ignoram o peso e o valor de suas palavras.

Cada um de nós tem um jeito de acomodar o sono que vem dos dias da existência uterina (a maneira de a mãe dormir tem influência direta) e vem também dos primeiros dias, meses, anos após o nascimento.

Trata-se de uma acomodação pessoal que precisa ser preservada, se for ordenada, tranquilizante! Quando as circunstâncias da vida cotidiana nos desalojam dessa habituação pelos motivos mais diversos, busca-se a indução do sono por mais variados recursos psicológicos, evitando os psicotrópicos. Evitando igualmente a ingestão do hormônio do sono, melatonina. O organismo, precisamente a glândula pineal, localizada no centro do cérebro, dá conta de o produzir. A ingestão indevida além de não ser eficaz bloqueia a produção do hormônio.

Uma paciente usava o recurso de recitar labialmente, mais sem som, orações, salmos. Outro recitava poesias. Esses exercícios provocam a fabricação da melatonina inibida pelo transtorno circunstancial e o sujeito começa bocejar intensamente. O dormir é imediato.

Outros recorrem a uma leitura tranquilizante, a música, outras a boas lembranças do passado, outros à contemplação interna de paisagens, montanhas, praias, outros alteram a respiração acelerada por um ritmo lento e profundo de uma respiração diafragmática bem recalcada...

Um recurso valioso: simplesmente escrever num papel a preocupação dominante. Isso esvazia o imaginário e o real da escrita tranquiliza imediatamente o sujeito, que, aliviado da tensão imaginária dorme em seguida.

Cada um de nós precisa preservar com carinho um bom hábito de sono, fator indispensável para nossa saúde física, mental e nosso equilíbrio emocional.

Não há regra geral: cada um tem o seu estilo de dormir, cada sujeito resguardará o dormir como um tesouro para o bem-estar consigo e com os outros. Observar o mesmo horário de dormir estabelece em nosso ritmo orgânico uma predisposição preciosa para o sono.

O grande problema dos psicotrópicos é que eles viciam, criam dependência sobretudo psíquica. Uma senhora que dizia não conseguir dormir sem seu psicotrópico, e sem recurso no local onde se alojava, lhe oferecemos um comprimido de antiácido e ela dormiu imediatamente.

No mundo atual, cercados que estamos dos meios eletrônicos, é preciso um cuidado especial para preservarmos a qualidade do dormir. Primeiro, sempre é interessante ter o hábito de dormir antes de meia noite. Meia noite é o momento de máximo repouso deste lado da terra, sendo que, meio dia do outro lado, lá o sol está a pino. É muito importante ter o hábito de dormir na mesma hora todo dia. Além disso, para bem dormir, supõe-se que a melatonina, o hormônio do sono, nos prepare para o repouso: a melatonina "manda para o cérebro a informação de que a noite chegou". Esse hormônio precisa do escuro para ser produzido. Quanto mais escuro o quarto, melhor será sua atividade. Aqui, até vedar os olhos pode ser de grande valia.

Essa preparação supõe a cessação de atividades estressantes, de estudos ou trabalhos que exigem concentração, de evitar o uso de aparelhos eletrônicos, sobretudo o computador e outros cuja luz persiste na região calcarina do cérebro impedindo ou dificultando a fisiologia do sono. Como a saúde física e a psíquica dependem dessa preciosa atividade fisiológica é pouco tudo fazer para a garantir, sobretudo nesse mundo de tanta agitação.

Essa pré-disposição psíquica da vontade para nos poupar nessa atividade, tão valiosa para a saúde, propicia que a função reticular do sistema nervoso (órgão do sono) desconecte ("destronque") nosso cérebro do resto do corpo e nos beneficie com um sono repousante. A função reticular se localiza no tronco do cérebro, está ligada aos ciclos do sono e filtra os estímulos sensoriais como importantes ou não.

E por falar em pré-disposição, para preservar o dormir como atividade fisiológica essencial, é importante desconectar da realidade ou dos problemas que nos afligem.

Primeiro, porque à noite todos estão em repouso e tudo está fechado, segundo, dormir é o essencial para ter a cabeça descansada para resolver os problemas. É importante levar em conta que uma das atividades mais benéficas do sono é o sonho. Eu costumo usar a seguinte metáfora: assim como o lixeiro recolhe o lixo à noite, assim o sonho limpa os núcleos patógenos do inconsciente trazendo-os para um cenário onde eles aparecem numa cena imaginária de maneira disfarçada ou "censurada" (Freud). "O sonho serve ao espírito como válvula de segurança. A representação de fatos nocivos pelo sonho lhe tira toda a nocividade" (Freud – Interpretação p. 502). A psicanálise é a clínica que tem a arte de interpretar esse cenário, com grande benefício para o paciente. A interpretação do sonho é a revelação da verdade do sujeito. Portanto, o sonho, mesmo o pesadelo têm a função de preservar nossa saúde mental.

Hormônio e órgão aptos e perfeitos para a função do sono. É só não os violentar contrariando seu funcionamento ou invadindo-os com psicotrópicos[13].

Existe um hábito que todos os animais praticam que é de grande utilidade para a saúde física. Logo ao acordar não sair da cama sem se "espreguiçar" (alongar); esse exercício injeta glicogênio nos músculos e os prepara para nova jornada. Muitas dores podem ser evitadas graças a esse simples exercício.

Enfim, convém observar que mesmo no tratamento de doentes mentais graves o dormir é atividade indispensável para a cura. É comum o paciente entrar em patologia mental grave após duas noites sem dormir. De outro lado, é dia de alegria no tratamento da loucura quando o paciente traz seu primeiro sonho. Sinal de cura em andamento.

## Ronco

É um problema solúvel. O ronco em geral se deve ao envelhecimento. Durante o sono os músculos ficam todos relaxados. É fisiologia

---

[13] Dr. Gustavo Gusso, médico de família, professor da USP: "mais importante do que usar suplementos de melatonina para dormir é que a pessoa se esforce para fazer uma boa higiene do sono, que passa por mudança de estilo de vida"... Convencimento difícil: "As pessoas já chegam ao consultório pedindo Rivotril para dormir. Nós, médicos de família, vivemos uma batalha diária para convencer as pessoas a evitar medicação, estimular a higiene do sono, atividade física, meditação, terapia... Para Dr. Gusso, "o sono, assim como outras funções é um exercício que exige treino".

"Se você delega o sono para uma medicação, você perde a capacidade, a função do dormir" (Folha de S. Paulo, 29/01/21).

decorrente do estado de sono. Mas com o enfraquecimento generalizado dos músculos há um somatório de fatores. O ronco se deve à obstrução induzida pelo afrouxamento das paredes da faringe. Além do aspecto do barulho, este sintoma revela deficiência respiratória, denominado apneia. Ela consiste em falhas na oxigenação do sangue com efeitos perigosos para o cérebro e o coração, que é obrigado a trabalhar forçado. Essa deficiência pode levar à hipertensão, infarto do miocárdio, acidente vascular, arritmia cardíaca ou acidente de carro... A pessoa que sofre de apneia está sempre cansada, com vontade de dormir durante o dia, com pouca resiliência.

De outro lado é sabido que o ronco tem um efeito ruinoso do ponto de vista da convivência. Vários casamentos se desfaziam por conta dele. Verdade é que o ronco é muito perturbante para quem dorme junto com quem o produz. Ele simplesmente impede o repouso de quem não o faz.

Todavia hoje há recurso simples e eficaz para esse problema: os aparelhos respiratórios CPAP (*Continous Positive Airway Pressure*) que produzem pressão de ar contínua nas narinas. São de grande alívio e eliminam totalmente o ronco e os graves problemas da apneia. Curioso: a pessoa se habitua ao conforto e não dorme mais sem o aparelho. Eles são de tamanho pequeno e podem ser levados em viagens nacionais ou internacionais. A inspeção aeroportuária não cria obstáculo algum. Verdade é que o CPAP é excelente para a oxigenação cerebral e, portanto, para a saúde do cérebro e do sono. A oxigenação aumenta ou diminui conforme a necessidade do usuário. O mecanismo do CPAP consiste em afastar o "afrouxamento das paredes da faringe" e abastecer as necessidades respiratórias. E, por isso, o ronco é eliminado.

Já que falamos em respirar, uma observação. Quando sentimos falta de ar por algum motivo, mesmo por causa de um susto ou quando respiramos aceleradamente ao não pegar no sono ou até após um pesadelo, o que mais importa é expirarmos profundamente pois o inspirar se faz automático no esvaziamento da expiração dos pulmões. Essa respiração chama-se diafragmática porque se realiza enchendo o pulmão ao máximo comprimindo o diafragma. Esse modo de respirar acalma a pessoa, conforta o organismo, sobretudo o cérebro. Além disso facilita o dormir e o sono.

Então a solução não é química nem cirúrgica ela é mecânica.

## Reposições

Reposição hormonal vai no mesmo sentido em que analisei a questão da cirurgia de mudança de sexo: trata-se de algo artificial. Menopausa ou andropausa, como disse, não são doenças, fecham um ciclo da vida. Estudos americanos e ingleses comprovaram que esse recurso para manter ativo o ovário tem inconvenientes sérios para a saúde da mulher: problemas cardíacos, acidente vascular, câncer de mama (*Women's Health Initiative e Million Women Study*). Buscar a reposição hormonal é ir atrás de um imaginário que não leva em conta o real. É forçar o organismo a um funcionamento que, por natureza, não lhe compete mais. A restituição é canhestra. Psiquicamente é procurar uma identidade imaginária que tenta fugir à realidade da transformação genética.

Como vimos, sempre que adotamos tal procedimento perigosamente tentamos uma fuga do real e isto sempre é sofrimento anunciado.

Reposição visual: duas coisas importantes. A primeira, evidente, o uso de óculos e a segunda, passar por uma cirurgia de catarata. É preciso preservar o privilégio de continuar a ver as belezas do mundo. Hoje essa cirurgia se tornou corriqueira e a medicina tem seguro domínio sobre ela. Quando do amadurecimento correto, a cirurgia de catarata se tornou procedimento simples e rápido.

Reposição auditiva: aqui há um sintoma traiçoeiro. A pessoa não percebe que está ouvindo mal: ela vai perdendo a audição de sons graves ou até agudos e não se dá conta. Esse sintoma faz a pessoa se desligar da realidade, das pessoas, porque não percebe que não ouve certos sons. Os aparelhos auditivos restituem quase *in totum* essa perda inerente ao envelhecimento. A primeira vez em que um sujeito, ao começar a usar os aparelhos, ouviu a fonoaudióloga rasgar um papel, ele levou um susto. Pôde avaliar a perda da audição.

Há um momento certo para procurar um otorrino: quando nossos familiares nos advertem: "Você não está ouvindo bem" ou "por que esse volume alto da TV"? Não é humilhação alguma reconhecer as limitações que nosso envelhecimento nos impõe. Buscar solução para elas é uma diligência inteligente e benéfica.

## Esporte

Finalmente, como manter o corpo ativo?

Cada qual deve procurar o exercício que lhe proporciona melhor bem-estar. A Organização Mundial da Saúde aconselha o mínimo: caminhada de 30 minutos três a quatro vezes na semana. Quem experimentou o benefício da caminhada, a disposição que ela imprime ao corpo e à mente o dia todo, não deixa de fazê-la diariamente. O hormônio chamado endomorfina produz um bem-estar que invade o corpo todo. Os exercícios por aparelho de ginástica podem até ser indicados para fins específicos. Mas são muito enfadonhos, repetitivos. A pessoa faz um esporte que a máquina lhe impõe, muitas vezes a ritmo de música estridente. Bem longe de um corpo próprio, submete o corpo a uma demanda alienada do outro ou da moda. O retorno em bem-estar fica distante. Não há uma relação do sujeito com seu corpo, há uma relação do corpo com a máquina e o sujeito está fora, preso na idealização ou na ideologia em voga. Penso que tal atividade é prejudicial ao corpo e até perigosa, porque alheia à inserção no corpo próprio. Quando não levamos em conta essa relação, logo aparecem dores nos pés, nas pernas ou outros membros. Sinal de que praticamos um esporte desligados do corpo próprio.

A partir das 18 horas o corpo não precisa e não deve produzir hormônios de estresse (cortisol) ou de defesa (adrenalina), que produzem dificuldade de conciliar o sono ou o sono agitado, coração acelerado e pernas inquietas. A partir da 18:00 horas também o bem-estar do endomorfina fica limitado, fora da hora. O corpo deve se preparar para o escuro produzir melatonina que lhe facultará a tranquilidade de um bom sono, aquele que respeita o repouso da natureza.

## Sentido de Viver

A terceira crise da existência, como vimos, não nos poupa: ela é um cadinho em que nossa vida passada volta em memórias e sentimentos de acertos e erros, de faltas, culpas, falhas e êxitos: a maneira como vivemos, nossa consciência moral, a vida pessoal, a vida familiar e social, a profissão, o uso do dinheiro e dos bens que fizemos em nosso proveito e em prol da comunidade... enfim nada escapa nesse retorno.

Nem sempre temos a humildade de encarar nossa responsabilidade moral: nosso imaginário é fértil demais para nos livrar de nossas feiuras. Em vez de as assumir tentamos justificar nossas falhas ou projetá-las em outras pessoas ou circunstâncias. Pena! É bem mais reconfortante nos curvarmos diante de nossos fracassos, não só os reconhecer ou quiçá pedir perdão por eles. Infelizmente não se pode viver como mãe, como pai, como filho, como cidadão sem erro, já que o mal faz parte de nossa contingência, de nossa finitude.

Menopausa, andropausa... época de colheita, de peneiração, época de armazenamento, época de balanço, tempo de avaliação, momento de replanejamento, de ressignificação da existência. É fundamental ceder ao histórico de nossa existência. Jamais "se eu soubesse", "se eu tivesse feito... evitado". Imaginário doentio! Cobrança inútil! O "se" é um veneno. Fermenta tristeza, amargura, ressentimento. Simplesmente assumir o histórico, aquilo que foi vivido, portanto aquilo que foi possível.

As pessoas que têm uma dimensão superior na vida: fé, promoção do outro, resgate dos humilhados da vida, preservação da Terra... enfim, aqueles que conseguiram guardar um sentido de viver, esses passam pela terceira crise serenamente. Continuarão a viver dando sequência à sua escala de valores. O resto da existência contará também com a realização de um sentido, sentido de viver.

Contudo a mesma sorte não têm aqueles que colocaram sua segurança no dinheiro ou nas coisas materiais. O apego à riqueza é uma fonte de angústia na medida em que a fragilidade física vai demonstrando que ela não compra tudo. Pior, ao aproximar-se do fim, o sujeito constatará que ele vai e os bens ou mesmo a riqueza ficam. Que o apego ao material esvaziou o espiritual. O vazio assombra a alma. Acabrunha. Mãos tão cheias e agora esvaziadas.

Há muitas formas de dar sentido à existência: filosofia, arte, ciência, religião, hobbies... o outro... O que não pode absolutamente é ela não ter sentido, não ter propósito. Sempre pode-se estender a mão ao outro. "Eu me sinto nascendo para a eterna novidade do mundo" (Fernando Pessoa). Repetindo: "não demanda o que fazer se não aquele cujo desejo se apaga" (J. Lacan).

## Corolário: A castração

Vimos que "édipo e castração" são os dois eixos ao redor dos quais a psicanálise opera. "É o *shibbolet* da psicanálise" (S. Freud). Os galaaditas sabiam bem que os efraimitas só conseguiam pronunciar "sibolet" e que portanto não faziam parte de seu povo. Psicanalista: especificação: aquela, aquele que sabe escutar, acolher, distinguir édipo e castração de cada paciente. O *shibbolet* da facticidade singular, consciente ou inconsciente. *Shibbolet* que distingue a prática analítica das psicoterapias.

Freud conhecia tão profundamente a alma humana e "suas paixões" que "castração" foi a única palavra que encontrou para significar o perigo da pulsão solta. "Castrar" é o dever civilizatório de não abrir mão da pulsão, de ininterruptamente a tirar da ordem da natureza e transformar em obra de cultura. Ou, simplesmente, sublimá-la. A psicanálise insiste numa reconstrução psíquica da facticidade de cada paciente. Não lida com hipótese ou suposições e muito menos recorre a avaliações, conselho ou orientação... Toda e qualquer intervenção psicanalítica só é válida se ela opera uma castração seja no campo de um imaginário fixado ou numa manifestação do inconsciente. Lacan chama ato essa intervenção. Ele cria o novo. Uma mudança. Um gozo benfazejo. É o gozo da verdade alcançada. Uma verdade do sujeito.

Numa das definições de castração Lacan escreve o seguinte: "Aquilo de que a experiência analítica testemunha é que a castração é em todo caso o que regra o desejo no normal e no anormal" (E.I. p. 826).

Primeiro, a psicanálise é uma experiência. Somente quem passou por ela sabe o que é a psicanálise. "A psicanálise não é o discurso científico que fala dela" (F. Perrier). Psicanálise é uma experiência na alma. Essa experiência pode (e só ela pode) dar um testemunho, que chamamos de clínico, do que é a castração. E em que consiste? Consiste no fato assombroso para o ser humano de que é ela que regra o desejo.

O desejo é aquilo que está além da necessidade. É a leitura que só o ser humano, pelo fato de ele falar, pode fazer da manifestação de um impulso interno de sua energia que aparece em seu imaginário. Lacan chama este aparecimento "fantasma". É uma manifestação assombrada do objeto-a, causa do desejo, vinda do inconsciente. O desejo é então aquilo que especifica o ser humano. Ora essa manifestação, esse desejo é castrado porque ele se apresenta na lei da linguagem, ele é linguagem, é simbólico. Ora o simbólico é a Lei por excelência para o ser humano. É tanto que é ser humano graças à linguagem.

Então a castração "em todo caso" é "aquilo que regra o desejo no normal e no anormal". "Em todo caso", não há exceção. "Em todo caso" é a castração que age, que faz a operação. "Em todo caso" é sempre duplo: ou "normal" ou "anormal". Que mede essa diferença?

Ou o bem-estar, a satisfação, a realização, a harmonia possível, a sublimação ou a culpa, o remorso, a angústia, o desajuste, o desequilíbrio, a impossibilidade... Numa palavra, na ausência ou presença do sofrimento. No tamanho do sofrimento. Suportável ou "impossível de suportar".

A castração é a apropriação da "falta-para-ser", a rendição permanente, sempre renovada, diante dela. Paradoxo humano por excelência. Lacan formulou o princípio: "De seu desejo o sujeito não pode ceder". Ele é visceralmente responsável de seu desejo. É nisso que consiste a liberdade humana. O "normal" é aquele que eticamente pode e assume o seu desejo. O "anormal" é aquele que abre mão de seu desejo, o ignora e age apenas pela vontade de gozo ou aquele que, neurótico, tem acesso a seu desejo mas o realiza em parte ou sofridamente ou, psicótico, que desastrosamente já não tem acesso a seu desejo e é governado, manipulado pelo Outro.

"Em todo caso a castração é aquilo que regra o desejo". Aquilo que faculta uma vida possivelmente feliz. Este é o ponto de vista teórico e clínico da psicanálise, tão precisamente descrito por Freud no Mal-Estar na Cultura.

Lacan explicita:

"A castração quer dizer que é necessário que o gozo seja recusado para que ele possa ser alcançado sobre a escala virada da lei do desejo" (E.I. p. 827).

Incrível: "a castração quer dizer"... ela nos manda um recado permanente: sem ela não há o humano. A mãe é proibida. O pai também. O nome-do-pai põe ordem na estrutura edípica: transporta o ser humano, o filhote humano, da ordem da natureza para a ordem da cultura. Castra-o!

E então o que nos "quer dizer" a castração?

Simplesmente que o gozo em si, puro, precisa ser recusado. E só ver a existência sem sentido (sem desejo!), o fim trágico do viciado. A energia dele não se transforma em desejo, em obra, não se sublima em cultura. Ele, que a recebeu gratuitamente, nada fez para tê-la, explora-a na perversão ou no vício até a exaustão da morte.

A castração avisa: este é caminho da morte da pulsão.

A castração quer nos dizer que para crescer pessoalmente e na comunidade é preciso renúncia, abnegação, foco. É preciso transformar a pulsão em obra de civilização. Fernando Pessoa entendeu isso magnificamente: é preciso fazer da renúncia "uma estética da renúncia". E disso resultará um gozo pacificante, realizante. A alegria da pulsão que cria. É preciso recusar o gozo seja ele do sintoma ("podre"), seja ele do vício ou de onde quer que seja. O gozo em si é mortífero. É a morte em vida.

Então como o sujeito humano pode dele usufruir sem que ele seja mortífero? Simplesmente humanamente: isto é: ... "sobre a escala virada da lei do desejo". "Para que o gozo seja humano ele deve ser regrado pela lei da linguagem". Ou, simplesmente, pela Lei: "para ele poder ser atingido" é preciso que seja "sobre a escala do desejo". Portanto indiretamente. Diretamente ele acaba matando o desejo, vira apenas vontade insaciável de gozo, leva à morte psíquica ou física.

Lacan, profeticamente em 1948 escreveu: ... "nós destruímos no mundo as formas culturais". Ele se reporta a Platão que "nos mostra a dialética comum às paixões da alma e da cidade que podem nos esclarecer a razão dessa barbárie". "A saber... a ausência crescente de todas as saturações do superego e do ideal de ego, que são realizadas em toda sorte de formas orgânicas das sociedades tradicionais, formas que vão dos ritos da intimidade cotidiana às festas periódicas nas quais se manifesta a comunidade. Nós não as conhecemos mais senão sob os aspectos os mais nitidamente degradados. Bem mais, por abolir a polaridade cósmica dos princípios macho e fêmea, nossa sociedade conhece todas as incidências psicológicas próprias ao fenômeno moderno dito "luta dos sexos". Comunidade imensa, no limite entre a anarquia "democrática" das paixões e o nivelamento delas pelo "grão vespão alado" da tirania narcísea – é claro que a promoção do ego em nossa existência acaba, conforme à concepção utilitarista do homem que a secunda, por realizar sempre mais adiante o homem como indivíduo, isto é, num isolamento da alma, sempre mais parente da derrelição original" (E. I. 121-122).

"Destruímos as formas culturais"... "razão dessa barbárie". "Barbárie" emprega Lacan, não selvagem: selvagem tem seu povo, sua cultura, tem sua organização social, tem a preservação da natureza... Barbárie é a destruição da cultura, da civilização, da natureza. Átila destruindo Roma. Putin destruindo a Ucrânia e seu povo.

Há uma mudança na convivência humana bem mais profunda do que podemos imaginar a partir do momento em que as crianças, os jovens não usam mais Senhor, Senhora e passam a tratar todos indiferentemente por você. É uma hierarquia que se desmancha. Estamos em cheio nessa situação. Assistimos um despudor e um desrespeito generalizado da civilidade: não mais "bom dia", "boa tarde" simplesmente "oi", uso de palavrões, toda sorte de intimidação on line, os laços amorosos, o sexo banalizados, os compromissos, os vínculos "liquidificados", a natureza queimada, rios envenenados, floresta abatida, a pobreza, a migração...

A barbárie se instala a partir da "ausência crescente das saturações do supergo e do ideal de ego". O superego contém o nível de saturação moral do sujeito humano e o ideal de ego mede sua inserção responsável no caminhar da família humana. Mede seu engajamento, sua contribuição para a construção da civilização. Lacan fala das formas degradadas de relacionamentos na intimidade (violência, agressões, desrespeitos...) e até nas festas periódicas (droga, bebedeiras, licenciosidades...) e ele nem podia imaginar a que iríamos chegar com as desestruturações psíquicas na internet.

Lacan se refere à abolição da polaridade cósmica dos princípios macho e fêmea. Ele chama de "cósmica": não há como fugir a "macho e fêmea": o homem é macho, a mulher é fêmea. É da estrutura corpórea dos seres humanos. E como a sexualidade humana se específica no simbólico, qualquer outra identificação fora dessa identidade corpórea será sempre em oposição a essa polarização. Daí a "luta dos sexos", realidade que estamos vivendo em cheio. "As incidências psicológicas, próprias ao fenômeno" inundam toda nossa sociedade atual. A abolição propugna por eliminar masculino e feminino e apela a um imaginário neutro: "x", amigue, bonite... "é a anarquia democrática" das paixões e o nivelamento delas!!!... só que o preço é muito alto.

Contudo, a ironia dessa "luta de sexos" homo ou outras consiste em que os conceitos dessas uniões – marido, mulher, cerimônias, casamento, anel (aliança) continuam sendo tirados da "polaridade cósmica". Isso mostra a fragilidade inerente a essas formas. Sequer conseguem se nomear em conceito próprio. Ao imitar o modelo hetero perdem a autenticidade do pretender diferente. Pena, talvez o testemunho sereno pudesse contribuir para o enriquecimento da comunidade. Muito bom que múltiplas formas de posição sexual (antes disfarçadas ou abafadas) possam vir à luz, mas para testemunhar sua originalidade precisa que se apresentem em serenidade, não em forma de desafio ou provocação ou ostentação.

"O vespão alado" da tirania narcísea impõe inexoravelmente sua devastação solepsista. O ego exaltado e cultivado como sendo o sujeito captura-o numa escravidão desesperante. Mergulha-se nessa contemplação (selfies), perde a dimensão do outro e dele ser um outro, e em vez de se realizar como um homem entre homens atola-se como "indivíduo"... "num isolamento da alma, sempre mais parente da derrelição original". Narcisismo avassalador.

Verdadeira profecia: isso em 1948 e ele sequer poderia imaginar a solidão do homem da internet.

Conclusão:

Verdade é:

1. Todo ser humano tem o direito de ter a posição sexual que não pediu para ter;

2. "O sexo faz sofrer".

Outra solidão, outra angústia existencial que atormenta o ser humano atual: a extinção de inúmeras profissões por causa da automação eletrônica. O sujeito se vê desamparado pelo Estado, por uma sociedade que tarda em lhe oferecer alternativa. Mais uma vez, encontra-se como indivíduo, não inserido num mundo em transformação radical. Mas isso não é uma castração. Isso é uma frustração, uma decepção existencial, uma angústia sem perspectiva, por não poder transformar a energia (a pulsão) na sublimação do trabalho. A pulsão parada, parada não fica: só gera angústias, patologias.

# Alguma Bibliografia


BAITELLO JÚNIOR, Norval. **A Era da Iconofagia**: Reflexões sobre a Imagem, Comunicação, Mídia e Cultura, 1. ed. São Paulo: Paulus, 2014.

BOÉTIE, Étienne de La. **O Discurso da Servidão Voluntária**. Editora Brasiliense, 1982.

CHARLES, Sébastien. **Cartas sobre a Hipermodernidade**. Barcarola, 2009.

CHECCHINATO, Durval. **Psicanálise de Pais I**: Criança, sintoma dos pais. Rio de Janeiro: Cia de Freud, 2007.

CHECCHINATO, Durval. **Fernando Pessoa**: Homoerotismo, Psicanálise e Sublimação. Rio de Janeiro: Cia de Freud, 2012.

DOSTOIÉVSKI, Fiódor. **Os Irmãos Karamázov**. Volume II. Trad. BEZERRA, Paulo. Editora 34, 2008.

DUPAS, Gilberto. **O mito do progresso**. São Paulo: Editora Unesp, 2006.

FREUD, Sigmund. **Malaise Dans La Civilisation.** 1. ed. Paris: Presses Universitaires de France, 1971.

LACAN, Jacques. **A Família**. Trad. CARDOSO E CUNHA, Brigitte; SANTOS, Ana Paula dos.; LAMAS, Graça.; LAPA, Graça.; Lisboa: Assírio & Alvin, 1987.

LACAN, Jacques. **Autres Écrits**. Paris: Editions du Seuil, 2001.

LACAN, Jacques. *Écrits*. Paris: Editions du Seuil, 1966.

LACAN, Jacques. **Eu falo aos muros**. Rio de Janeiro: Zahar, 2005.

LACAN, Jacques. **Meu Ensino**. Rio de Janeiro: Jorge Zahar, 2005.

LACAN, Jacques. **Nomes-do-Pai**. Rio de Janeiro: Jorge Zahar, 2005.

LACAN, Jacques. **O Triunfo da Religião**. Rio de Janeiro: Jorge Zahar, 2005.

MACHADO, Assis de. **Memórias Póstumas de Brás Cubas**. Rio de Janeiro: Editora Civilização Brasileira S.A, 1977.

PESSOA, Fernando. **Obra Poética**. Vol. Único. Nova Aguilar, 1995.

SOUZA, Aurélio. **Os discursos na Psicanálise**. Rio de Janeiro: Companhia de Freud, 2004.

TOSTÓI, Liev. **Uma Confissão**. Trad. FIGUEIREDO, Rubens. São Paulo. Mundo Cristão, 2017.

ZYGMUNT, Bauman. **O Mal-Estar da pós-modernidade**. Rio de janeiro: Jorge Zahar, 1998.

Construindo ideias
e conectando mentes

Este livro foi composto com tipografia Bembo Std
e impresso em papel Pólen Soft 80g.
na Gráfica Formato em outubro de 2023.